CAMINHO DE INICIAÇÃO
À VIDA CRISTÃ

Primeira Etapa

LIVRO DO CATEQUISTA

Diocese de Caxias do Sul

CAMINHO DE INICIAÇÃO À VIDA CRISTÃ

Primeira Etapa

LIVRO DO CATEQUISTA

Petrópolis

© 2015, Editora Vozes Ltda.
Rua Frei Luís, 100
25689-900 Petrópolis, RJ
www.vozes.com.br
Brasil

1ª edição, 2015.

4ª reimpressão, 2022.

Todos os direitos reservados. Nenhuma parte desta obra poderá ser reproduzida ou transmitida por qualquer forma e/ou quaisquer meios (eletrônico ou mecânico, incluindo fotocópia e gravação) ou arquivada em qualquer sistema ou banco de dados sem permissão escrita da editora.

CONSELHO EDITORIAL

Diretor
Gilberto Gonçalves Garcia

Editores
Aline dos Santos Carneiro
Edrian Josué Pasini
Marilac Loraine Oleniki
Welder Lancieri Marchini

Conselheiros
Francisco Morás
Ludovico Garmus
Teobaldo Heidemann
Volney J. Berkenbrock

Secretário executivo
Leonardo A.R.T. dos Santos

Revisão: Jardim Objeto
Projeto gráfico e diagramação: Ana Maria Oleniki
Capa: Ana Maria Oleniki

ISBN 978-85-326-5034-4

Este livro foi composto e impresso pela Editora Vozes Ltda.

Sumário

Apresentação 7
Meta a ser alcançada 9
Passos do caminho 9
Orientações práticas 10
Leitura Orante da Palavra 12

1º Encontro: Quem somos nós? 15
2º Encontro: Jesus é nosso amigo 20
3º Encontro: Quem é Jesus? 24

Celebração na comunidade 28

4º Encontro: A Bíblia nos ajuda a conhecer Jesus 31
5º Encontro: Jesus ama tudo o que o Pai criou 35
6º Encontro: Jesus é anunciado e esperado 39
7º Encontro: Maria de Nazaré escolhida para ser a mãe de Jesus 43
8º Encontro: Maria é servidora de quem precisa 48
9º Encontro: Preparem os caminhos do Senhor 52
10º Encontro: Jesus veio morar no meio de nós 56
11º Encontro: A festa do reencontro 61
12º Encontro: Quaresma: o caminho para a Páscoa 65
13º Encontro: Semana Santa: o caminho de Jesus 69
14º Encontro: Estar à mesa com Jesus: serviço do lava-pés 72
15º Encontro: Jesus sofre perseguição até ser morto 75
16º Encontro: Jesus ressuscitou! 79

17º Encontro: Fazer o bem é viver a ressurreição 82
18º Encontro: De Jesus ressuscitado nasce a Igreja 85
19º Encontro: Batismo de Jesus 89
20º Encontro: Missão de Jesus 93
21º Encontro: Jesus envia o Espírito Santo aos apóstolos 97
22º Encontro: Jesus ressuscitado ensina a partilhar 101
23º Encontro: Jesus nos pede um coração bom 104
24º Encontro: O maior mandamento 107
25º Encontro: Minha vida de oração: Pai-Nosso 111

Celebração da entrega do Pai-Nosso 114

26º Encontro: A missa: oração da Igreja 117

Anexos 121
Anexo 1: Celebrando nosso(a) padroeiro(a) 123
Anexo 2: Vocação: chamado e resposta de amor 127
Anexo 3: Ser missionário 131
Anexo 4: O dízimo e a catequese: Amo minha Igreja! Sou dizimista! 134
Anexo 5: Celebração do Natal do Senhor 138
Anexo 6: Celebração do amor misericordioso de Deus 142

Orações do cristão 146

Referências 150

Apresentação

Queridos catequistas!

Com alegria oferecemos o livro de catequese para o uso dos catequistas. É o primeiro das quatro etapas do *Caminho de Iniciação à Vida Cristã*, elaborado pela equipe de animação bíblico-catequética da Diocese de Caxias do Sul, RS.

A sociedade pluralista e secularizada que caracteriza os tempos atuais provoca a necessidade de reforçar uma "clara e decidida opção pela formação dos discípulos missionários – os membros de nossas comunidades" (DA 276). Cabe às comunidades eclesiais a missão de fortalecer a fé e favorecer o encontro pessoal com Jesus Cristo, porque a decisão de ser cristão nasce das experiências vividas com Ele.

O Diretório Nacional de Catequese, a Conferência de Aparecida, o Novo Ritual de Iniciação Cristã e as Diretrizes Gerais da Ação Evangelizadora do Brasil propõem um processo de formação do discípulo missionário em forma permanente. As urgências pastorais afirmam que a Igreja ocupa o papel da casa da Iniciação à Vida Cristã concretizada na ação evangelizadora com o anúncio de Jesus Cristo em estado permanente.

A Iniciação Cristã não se esgota na preparação aos Sacramentos de Iniciação, mas é um processo permanente de conversão a Jesus Cristo e sua mensagem, através da Palavra de Deus e vida em comunidade.

O livro do catequista oferece um caminho catequético de iniciação e amadurecimento da fé e da vida cristã. Tem como centralidade a pessoa de Jesus e a experiência do encontro com Ele que, aos poucos, muda a vida e torna os cristãos comprometidos com a vida e a dignidade humana, na construção do Reino de Deus.

É uma catequese de inspiração catecumenal, marcada por ritos e celebrações em sintonia com o ano litúrgico, orientada pela Leitura Orante da Palavra de Deus e para o compromisso com a vida em comunhão com a família, comunidade e sociedade.

Para viabilizar este caminho, acreditamos na proposta metodológica que leve os catequizandos a se aproximarem de Jesus, "Caminho, Verdade e Vida" (Jo 14,6). Temos a preocupação de integrar as diferentes dimensões da pessoa: a mente, a vontade e o coração. Ao longo de quatro anos, o catequizando terá oportunidade de aprofundar sua vida cristã a partir da Palavra de Deus, fazendo com que a celebração dos Sacramentos aconteça ao longo do caminho.

Equipe de Animação Bíblico-Catequética
Diocese de Caxias do Sul

Meta a ser alcançada

O catequista da primeira etapa do Caminho de Iniciação à Vida Cristã deverá assegurar a meta a ser alcançada – a nova identidade do catequizando e seu lugar na comunidade.

A primeira etapa tem como meta conhecer Jesus, sua infância e alguns acontecimentos de sua missão ligados à celebração litúrgica. O catequista deverá apresentar o itinerário de encontro com Jesus, sua pessoa e seu projeto. Conduzirá de maneira simples a responder a pergunta: "Quem é Jesus?".

Cabe ao catequista mostrar o valor da existência e a razão do chamado de Deus à vida e a sua relação com o próximo, em especial com a comunidade.

Passos do Caminho

a. O catequizando é inscrito na primeira etapa da catequese para a Iniciação Cristã na idade de nove anos, seguindo sucessivamente os quatro anos sem necessidade de novas inscrições.

b. A catequese acompanhará o ano litúrgico, desvinculado do ano civil. Iniciará no mês de outubro.

c. Férias: a partir da metade de dezembro até o fim de fevereiro.

d. O reinício dos encontros, no ano seguinte, ocorre no fim de fevereiro ou no início de março, na primeira semana da quaresma, acompanhando o caminho do ano litúrgico, da quaresma e da Páscoa, dando especial atenção ao tríduo pascal. Segue-se com o caminho do ano litúrgico até a metade de setembro.

e. Na primeira semana de outubro do ano seguinte, continua a catequese com a segunda etapa.

f. Os encontros catequéticos estão elaborados para facilitar a sintonia, o acompanhamento e a vivência do ano litúrgico. Seguem o método "Jesus, Verdade, Caminho e Vida", e desenvolverão atividades e dinâmicas que envolvam os catequizandos, os pais e a comunidade.

g. Os encontros de catequese não terminam com a celebração do Sacramento da Eucaristia e da Crisma, mas continuam após a celebração do Sacramento até concluir o ano catequético.

h. Os pais ou responsáveis devem acompanhar seus filhos no Caminho da Iniciação à Vida Cristã, mostrar interesse, participar juntos nas celebrações da comunidade e ajudá-los na vivência da fé.

i. O espaço *Anotações Pessoais* está reservado para o registro do compromisso ou tarefas, comunicações e lembretes.

Orientações Práticas

a. Chegar antes do horário. Acolher bem os catequizandos e dar a atenção necessária a cada um.

b. Organizar o espaço do encontro, juntamente com o grupo, com bom gosto e, sempre que possível, de forma circular.

c. Colocar sempre em destaque a Bíblia, a vela e a simbologia proposta para cada encontro.

d. Criar um clima de amizade, para que todos possam sentir-se bem. Para isso, procurar dialogar e envolver todos de modo que participem ativamente do encontro.

e. Usar uma linguagem acessível no grupo. Valorizar os dons de cada um. O encontro deve acontecer numa relação de amizade e confiança mútuas, facilitando a experiência do encontro com Jesus. Evitar a linguagem escolar: professor, aluno, sala de aula, aula de catequese.

f. Encontrar meios para conhecer a família dos catequizandos e sua realidade.

g. Preparar-se bem para o encontro, rezar e conhecer o conteúdo que deverá desenvolver com o grupo, organizar a simbologia indicada, prever os materiais a serem utilizados. Prever o que é proposto entre um encontro e outro.

h. Seguir o método proposto no Livro do Catequista, respeitando o tempo litúrgico e zelar pela sequência, bem como, observar as indicações no Caderno do Catequizando.

i. Adaptar as dinâmicas e as atividades conforme a realidade e as necessidades do grupo.

j. Utilizar a Bíblia como texto base para todo o processo catequético de Iniciação à Vida Cristã.

k. Prever com antecedência os momentos celebrativos, na comunidade, para que sejam bem preparados e vivenciados. Dessa forma, se fortalecerá a caminhada da comunidade e o entrosamento com o caminho catequético.

l. Fazer sua avaliação pessoal a cada encontro e registrar o que julgar importante para si e para a caminhada do grupo.

m. Enriquecer o encontro com outros recursos disponíveis, sem substituir a relação pessoal, o envolvimento e a participação do grupo.

n. Repetir as expressões, orações e mantras quando for necessário. Estas podem ser feitas pelo catequista com frases curtas e o grupo repete.

o. Utilizar os cantos conforme o desenvolvimento do encontro e adaptá-los à realidade local, utilizando recursos visuais adequados ao grupo.

p. Considerar que o Caderno do Catequizando apresenta espaços destinados a registros que facilitem o processo de reflexão sobre as perguntas e atividades propostas. São espaços de uso livre de modo a permitir que o catequista oriente o seu aproveitamento como desejar.

q. Observar que no final do Livro do Catequista encontram-se os anexos com encontros e celebrações optativas a ser utilizadas conforme as comemorações da comunidade, dos meses temáticos ou decorrentes da própria etapa.

Leitura Orante da Palavra

Existem muitas formas de lermos a Bíblia. A leitura como animadores e animadoras da fé em nossas comunidades e na Iniciação Cristã, deve ser: leitura espiritual, leitura comprometida e transformadora. Não pode ser leitura ingênua, moralista ou fundamentalista. Olhando a história dos cristãos do passado e a vivência das pequenas comunidades, aprendemos um jeito novo de nos aproximarmos da Bíblia.

Em nosso livro de catequese para a Iniciação à Vida Cristã, optamos pelo método da Leitura Orante, pois este método ajuda a assimilar o que a Bíblia diz em Dt 30,14: "A Palavra está muito perto de ti: na tua boca e no teu coração, para que a ponhas em prática".

COMO SE FAZ A LEITURA ORANTE DA PALAVRA?

Antes de tudo, a atitude é colocar-se à luz do Espírito de Deus e pedir sua ajuda. São quatro os passos da Leitura Orante da Palavra: leitura, meditação, oração, contemplação.

1º Passo: Leitura atenta do texto, feita várias vezes

De acordo com Dt 30,14 "A Palavra está muito perto de ti: na tua boca e no teu coração, para que a possa colocar em prática". Aqui descobrimos o que o texto diz em si mesmo.

O que diz o texto?

- Considerar o sentido de cada frase.
- Destacar os personagens, as imagens, os verbos.
- Repetir alguma frase ou palavra que mais chamou a atenção.

2º Passo: Meditação

É uma forma simples de meditação, um jeito de saborear o texto com cores e cheiros de hoje, da nossa realidade. "A Palavra está muito perto de ti: na tua boca e no teu coração."

O que o texto me diz?

Ruminar, trazer o texto para a própria vida e a realidade pessoal e social.

- O que Deus está me falando?
- Que conversão me pede?
- Atualizar a Palavra para a realidade do lugar, do grupo, do momento.

3º Passo: Oração

O terceiro passo é a oração pessoal que pode desabrochar em oração comunitária, expressão espontânea de nossas convicções e sentimentos mais profundos. "A Palavra está muito perto de ti: ... no teu coração."

Ler de novo o texto.

O que o texto me faz dizer a Deus?

- Formular a oração, suplicar, louvar a Deus, dialogar com Deus.
- Rezar com um salmo que expresse o sentimento que está em nós.

4º Passo: Contemplação

Olhar a vida com os olhos de Deus. É o transbordamento do coração em ação transformadora. "Para que ponhas em prática" (Dt 30,14).

Contemplar não é algo intelectual, que se passa na cabeça, mas é um agir novo que envolve todo o nosso ser.

A partir deste texto, como devo olhar a vida, as pessoas e a realidade?

- O que devo fazer de concreto?
- O que ficou em meu coração e me desperta para um novo modo de ser e agir?
- Em quê esta Palavra me ajuda a ser mais discípulo ou discípula de Jesus?

Primeira semana de Outubro

Quem somos nós?

1º Encontro

Preparando o encontro

Ler o texto e destacar o que almeja e enfatizar no decorrer do encontro.

> Para que sejamos um grupo de amigos e amigas que juntos querem conhecer melhor Jesus e seu Evangelho, precisamos antes nos conhecer.
>
> Cada pessoa tem seu jeito de ser e suas capacidades, que são dons de Deus. Precisamos, também, conhecer nossas limitações, porque todos temos algo que devemos melhorar e mudar para crescermos como pessoa humana.
>
> Jesus nos chama para sermos seus discípulos. Ele nos chama como somos e nos propõe um caminho de vida. Nesse caminho de vida, nós encontramos pessoas, que também caminham e querem ser amigos e amigas uns dos outros e querem também ser seguidores de Jesus. Quem quer andar com Jesus precisa querer bem a si mesmo e às outras pessoas. Cada um de nós é importante, cada um é diferente e, por isso, formamos um grupo bonito. A caminhada será mais alegre e todos ficarão mais contentes se nos conhecermos melhor.

Objetivo: Mostrar que os catequizandos são amados por Jesus. Oportunizar meios para que se conheçam e se sintam chamados a formar um grupo como o dos discípulos de Jesus.

Preparação do ambiente: Todos em círculo, uma vela no centro, a Bíblia e uma folha de papel grande para formar um barco.

1. MOMENTO DE ACOLHIDA E ORAÇÃO

- Acolhida carinhosa e alegre de cada catequizando, criando um ambiente alegre e gostoso.
- Iniciar com o sinal da cruz e uma Ave-Maria.
- Catequista, caso seus catequizandos não saibam a oração, sugere-se explicar e depois rezá-la.

Canto: *Este encontro será abençoado.*

Motivação: Estamos aqui, juntos, neste encontro, o primeiro de tantos que faremos. Hoje iniciamos uma caminhada e desejamos fazê-la juntos. Por isso, é importante que nos conheçamos. Convido para que cada um diga o seu nome, com quem mora, onde estuda e o que mais gosta de fazer. (Deixar que cada um fale. Todos escutam)

Dinâmica: Correio (com a finalidade de gravar os nomes)

O catequista será o dono do correio e dirá: "Carta de (nome de um dos catequizandos) para (nome de outro catequizando)". Imediatamente os que foram chamados trocarão de lugar. O dono do correio senta no lugar ocupado por um deles. Então, quem ficar sem lugar será o novo dono do correio e continuará a brincadeira chamando outros dois nomes. Quando o dono do correio quiser mexer com toda a turma, ele dirá "carta circular", e todos os catequizandos deverão mudar de lugar ao mesmo tempo.

Canto: *Você é importante para mim.*

2. JESUS VERDADE! AJUDA-ME A CONHECER A TUA PALAVRA

- Leitura do texto bíblico: Marcos 1,16-20 (O catequista lê o texto)
- Pedir para os catequizandos repetirem a história do Evangelho, dizendo também o nome das pessoas que formaram o grupo de Jesus.

3. JESUS CAMINHO! ABRE MEU CORAÇÃO PARA ACOLHER A TUA VONTADE

- Vamos imaginar como eram as pessoas que formaram o grupo de Jesus? O que faziam? Como viveram junto com Jesus?

Para reflexão do catequista

Jesus chama os primeiros discípulos para formar o seu grupo de auxiliares, para ajudá-lo no seu dever (missão) de ensinar o povo a viver com dignidade (salvação) e livre da maldade. Quando Jesus chama os dois primeiros, Simão e André, que eram irmãos, esses largam suas atividades de pescadores e aceitam seguir Jesus e trabalhar com Ele. Não quer dizer que esses dois primeiros nunca mais foram pescar para viver, ou que os dois seguintes nunca mais ficaram com seus pais. Mas quer dizer que eles, além de terem família e trabalho, entenderam que devia existir, sempre, pessoas que ajudassem os outros a descobrir como viver melhor. A frase que Jesus diz: "Vos farei pescadores de homens" (Mc 16, 17) quer dizer que serão pessoas que irão ajudar Jesus a mostrar às pessoas que, vivendo como Jesus ensina, é bem melhor do que continuar na vida que estão levando.

O que significa isso para nós? Quando ajudamos, não pedimos nada em troca. Quem fica conhecendo como é Jesus deve ajudar outros a entenderem também como é essa vida. Para agir assim, temos que ser como Jesus: conversar com as pessoas, mostrar que além de tudo o que fazem, do trabalho, do esporte, do jogo, do estudo, da família, as pessoas têm que cuidar da vida conforme Deus ensina que cuidemos. Quantas coisas e comportamentos as pessoas precisam mudar para serem felizes como Jesus e segui-lo!

Atividade: Tomando a folha de papel, que está no centro do grupo, ajudar os catequizandos a formar um barco. Colocar no centro uma figura do rosto de Jesus e escrever nele o nome de cada um.
- Orientar a escrever no caderno o que significa para cada um fazer parte desse grupo de amigos de Jesus.

> **Para reflexão do catequista**
>
> Não foram os discípulos que escolheram Jesus, mas Jesus quem os escolheu. Ele os convida para estarem com Ele, ficarem com Ele, serem d'Ele, fazerem parte dos seus e participarem de sua missão. Jesus faz dos discípulos seus familiares. Partilha com eles a mesma vida que vem do Pai e lhes pede para que produzam frutos. Jesus chama cada um pelo nome, olha-os com amor e carinho, despertando nos discípulos uma atitude de aceitação, de acolhida e de seguimento. Neles nasce uma grande admiração pela pessoa de Jesus. Nós também fomos chamados a formar esse grupo, que deve sentir-se um grupo de Jesus. Por isso, precisamos nos conhecer, nos querer bem para sermos felizes.

Canto: *Quem é que vai.*

4. JESUS VIDA! FORTALECE A MINHA VONTADE PARA VIVER A TUA PALAVRA

- Jesus falou para cada um de nós, como grupo, porque somos seus amigos. Convidar a fazer uma oração pedindo a cada um que olhe para o rosto de Jesus que está no barco e fique um momento em silêncio.
- Motivar a rezar, juntos, uma frase ou versículo retirada do Salmo 133,1. Após a leitura, que pode ser realizada espontaneamente, todos repetem: *Como é bom, como é agradável os irmãos e as irmãs viverem juntos.*
- Orientar a repetir outras frases, em forma de oração.

    (Alguém lê e todos repetem)

    - Nós amamos a vida.
    - Nós amamos as pessoas.
    - Nós amamos nossos amigos e amigas.
    - Nós amamos nossos pais.
    - Nós amamos Jesus e queremos tê-lo conosco.

- O catequista convida o grupo a fazer um momento de silêncio e depois reza assim:

Oração: *Jesus, amigo das crianças e de todas as pessoas, cria em nós o espírito de amizade, de acolhida e de bem querer. Queremos ser um grupo de amigos que se amam, como Tu amaste aqueles que chamastes.*

Canto: *Quem é que vai.*

5. COMPROMISSO

- Contar aos pais o nome das pessoas que Jesus escolheu para serem seus discípulos. Também o nome dos colegas do grupo de catequese e o nome do seu catequista.
- Escolher o nome do grupo: Explicar para que cada um, durante a semana, pense em um nome para o grupo e traga escrito num papel grande, de preferência, um nome bíblico.

6. AVALIAÇÃO DO CATEQUISTA

Após o encontro do grupo, ao longo da semana, avaliar o encontro, anotar os pontos que foram fortes. Como se sentiu e se conseguiu atingir os objetivos. Anotar as dificuldades sentidas.

As anotações serão partilhadas num encontro de catequistas com a coordenação, para avaliar a caminhada catequética. É importante que o catequista seja fiel em anotar esses pontos.

2º Encontro

Jesus é nosso amigo

Preparando o encontro

Nós precisamos de amigos. Quem tem amigos de verdade se sente mais seguro na vida. Amigo é aquele que nos conhece, nos acolhe e nos ajuda. É aquele que está conosco nas horas alegres e nas horas difíceis.

Jesus é nosso melhor amigo. Nele podemos confiar. Ele nunca nos abandona e caminha conosco. Está sempre ao nosso lado. É Ele, através do seu Evangelho, que nos mostra o caminho certo da vida para sermos felizes. Jesus disse: "Eu chamo a vocês de amigos porque lhes falei tudo o que ouvi do meu Pai. Não foram vocês que me escolheram, mas fui eu que escolhi a vocês" (Jo 15,14-15).

Objetivo: Mostrar que Jesus acolhe e é amigo das crianças.

Preparação do ambiente: Grupo em círculo. No centro, sobre uma mesa ou um espaço no chão, colocar os quadros e figuras de Jesus, Bíblia, vela.

1. MOMENTO DE ACOLHIDA E ORAÇÃO

- Iniciar com um gesto acolhedor, criando clima de amizade e de encontro de amigos.
- Fazer juntos o sinal da cruz, lembrando que Deus é Pai, Filho e Espírito Santo, e nos ama como filhos e filhas.

Canto: *Eu tenho um amigo que me ama.*

Compromisso assumido pelo grupo:

- Em nosso encontro passado nos conhecemos, vimos o valor da vida, o valor de estarmos juntos, rezamos, conhecemos os nomes daqueles que formaram o grupo de Jesus, que eram seus amigos e o seguiram. Também assumimos compromissos. Conversar sobre como os realizamos.

Dinâmica que deve ser preparada pelo catequista:

- Exercício de memória: Uma criança começa a dizer: eu... (diz seu nome) participei do encontro de catequese e encontrei... (diz o nome de cada colega). Todos fazem a mesma coisa para lembrar o nome de cada um do grupo.
- Retomar o compromisso do encontro passado: Quem conseguiu, em casa, com os pais, fazer o compromisso assumido? Fazer cada um contar como foi e que dificuldade encontrou.
- Colocar em comum o nome do grupo que cada um pensou e dizer por que escolheu esse nome. Ajudar os catequizandos a escolherem entre os diferentes nomes, para o grupo, aquele que mais gostaram.

2. JESUS VERDADE! AJUDA-ME A CONHECER A TUA PALAVRA

Canto: *Pela Palavra de Deus.*

- Leitura do texto bíblico: Mateus 19,13-15. (Um catequizando lê o texto)
- O grupo, com as próprias palavras, reconta o fato lido.
- Quem são as pessoas que aparecem no texto?
- Como foi que Jesus se encontrou com as crianças? Ele foi procurá-las? O que queriam?
- Os apóstolos ajudaram nesse encontro? O que fizeram?
- O que faz Jesus diante do fato?

3. JESUS CAMINHO! ABRE MEU CORAÇÃO PARA ACOLHER A TUA VONTADE

- O catequista ajuda o grupo a responder às seguintes perguntas:
    - O que a Palavra de Deus, no Evangelho de hoje, diz para mim?
    - Por que Jesus ama, acolhe e abençoa as crianças?

Para reflexão do catequista

As crianças estão com Jesus porque Ele quer dar um ensinamento de simplicidade. A primeira coisa que Jesus quer chamar a atenção é que criança pode ser pequena, mas faz parte da família e da comunidade. São pequenos, mas são pessoas. Ele também quer mostrar que por viver numa família e na sociedade, desde cedo, a criança também aprende e tem defeitos, que precisam ser corrigidos. O texto diz que levaram as crianças para que Jesus "colocasse a mão sobre elas" (Mt 19, 15.) Esse gesto de Jesus mostra que Ele tem uma atitude de proteção para com as crianças. Tudo o que é simples tem que ser protegido ou ajudado. Uma nova instrução no ensino que orienta direito, que ajuda, também protege contra o que está errado. Colocar as mãos sobre a pessoa, para Jesus, significa orientar, ajudar, proteger a pessoa. Então Jesus está dando muito valor às crianças porque, naquele tempo, elas não tinham importância e eram vistas como alguém que só atrapalhava. E como Jesus se preocupava primeiro com aqueles que menos tinham valor, com os que mais precisavam, então acolhe, abençoa e atende crianças. Com esse gesto, ensina aos grandes a simplicidade. Jesus, então, ensina a todos a não serem gananciosos e a ir a Ele para aprender o que Jesus ensina. Quem é grande também pode aprender com Jesus, mas não pode ser ganancioso, não pode ser egoísta.

Hoje a criança também aprende cedo a gastar e a querer muitas coisas. E nem tudo é bom! Hoje elas começam cedo a querer ser como gente famosa. Mas Jesus ensina simplicidade e justiça. A partir do ensinamento de Jesus, vamos olhar como nós somos e ver se está de acordo com Jesus.

Canto: *Amar como Jesus amou* (Pe. Zezinho). Preparar a letra dessa música e apresentá-la aos catequizandos, convidando-os a ler e depois cantar.

- Conversar dois a dois:
  - O que essa música nos ensina? Qual é a frase que mais gostou?
  - O que significa, na prática, amar, pensar, sonhar, sentir como Jesus? Partilhar no grande grupo.

- O catequista valoriza as colocações do grupo e ajuda a compreender melhor a canção.

4. JESUS VIDA! FORTALECE A MINHA VONTADE PARA VIVER A TUA PALAVRA

- O catequista ajuda os catequizandos a fazerem uma oração sobre a reflexão realizada. Orienta-os para que a façam a partir da conversa sobre Jesus, olhando os quadros, as imagens, as figuras que trouxeram e escrevam, expressando o que cada um quer dizer a Ele.

   (Cada um faz sua oração pessoal, oração que brota do seu coração para o coração de Deus, escrevendo no caderno.)

- Depois, cada um partilha a oração com o grupo.
- O catequista convida o grupo para repetir juntos estas frases:
  - Jesus é o Caminho, a Verdade e a Vida.
  - Jesus ama e acolhe as crianças.
  - Jesus convida todos para se tornarem como as crianças.
  - Jesus é amigo das crianças.
  - Jesus é amigo dos pobres e dos doentes.
- O catequista reza o Salmo 23 – O Senhor é meu pastor e nada me falta.

Canto: *Amigos para sempre*.

5. COMPROMISSO

- O que vamos fazer nesta semana para conhecer mais Jesus e ser amigo dele?
- Escreva uma cartinha para sua família no espaço das *Anotações Pessoais* contando que Jesus é amigo das crianças e de todos os que se fazem criança.

6. AVALIAÇÃO DO CATEQUISTA

Ao longo da semana, avaliar o encontro, anotar os pontos que foram fortes, como se sentiu, se conseguiu atingir os objetivos, o que alcançou e as dificuldades sentidas.

3º Encontro

Quem é Jesus?

Preparando o encontro

Na Bíblia, encontramos muitas passagens que falam de Jesus. No Primeiro Testamento, o povo esperava o enviado de Deus para ajudar. E os profetas anunciam um Servo de Deus, que viria para ajudar, servir e melhorar, até com o sacrifício de sua própria vida, a dignidade do Povo de Deus.

No Segundo Testamento, Jesus se identifica como sendo o Messias, o Salvador, como servo de todos. Por isso, nos Evangelhos encontramos diversos títulos dados a Jesus: Jesus é o Mestre, aquele que reúne discípulos e dá a eles o conhecimento das "coisas do Pai"; Jesus é o Bom Pastor, que dá sua vida para que todos tenham vida e vida em abundância. Jesus é o Filho de Deus, que veio a este mundo para realizar o plano de amor do Pai e abrir, para todos, a possibilidade de entrar no seu Reino.

Objetivo: Perceber o que os catequizandos já sabem e ajudá-los a conhecer mais sobre a pessoa de Jesus Cristo.

Preparação do ambiente: Um quadro com o rosto de Jesus, Bíblia, vela.

1. MOMENTO DE ACOLHIDA E ORAÇÃO

- Iniciar com o sinal da cruz, porque nos lembra Deus Pai, o Deus Filho e o Espírito Santo.

Canto: *Jesus Cristo é o Senhor*.

- No encontro passado, entendemos que Jesus é nosso amigo, das crianças e dos simples. Ele nos convida a fazermos parte do seu Reino. Nós somos contentes por isso.
- O que conseguimos realizar dos compromissos que assumimos no encontro passado?
- Hoje vamos conhecer um pouco mais quem é Jesus. A Palavra de Deus nos oferece muitas informações. O que nós já sabemos sobre Jesus?
  (Deixar tempo para conversar.)

2. JESUS VERDADE! AJUDA-ME A CONHECER A TUA PALAVRA

- Leitura do texto bíblico: Marcos 9,33-37.
- Ler mais vezes para que todos compreendam.
- Vamos contar esse fato?
- Para qual cidade caminhava Jesus e os discípulos?
- O que os discípulos conversavam no caminho?
- O que Jesus disse aos discípulos?
- Quem Jesus apresentou aos discípulos como exemplo?

3. JESUS CAMINHO! ABRE MEU CORAÇÃO PARA ACOLHER A TUA VONTADE

- Conversar: O que Jesus quer dizer para nós com essa palavra?
- Ainda hoje as pessoas buscam a riqueza e o poder? Isso está de acordo com o desejo de Jesus?
- O que o texto nos diz sobre a pessoa de Jesus?

Para reflexão do catequista

Jesus instrui os discípulos (já tem o grupo dos 12) sobre como eles devem trabalhar com ele para atender ao povo: devem atender e escutar com muito carinho e simplicidade, não podem se achar melhor que ninguém. Esses discípulos estão começando a conhecer como Jesus é: uma pessoa humilde que serve ao povo sem querer nada em troca, mas os discípulos ainda não perceberam que também precisam ser assim. Eles ainda têm a ideia de que ser um líder é ser como as autoridades do seu país, que são orgulhosas, arrogantes, que não escutam ninguém. Jesus, então, orienta dizendo que no grupo dele não pode ter um só que mande e todos obedeçam. No grupo dele só é importante quem ajuda com humildade. É por isso que Ele lhes mostra como é uma criança: ela brinca, está com todos, é querida e não pensa em mandar. Outra coisa errada nos apóstolos é que eles são invejosos pois reclamam a Jesus que outras pessoas ajudam e querem proibi-las porque acham que só eles estão certos.

Quando nós fomos batizados, nos tornamos do grupo de Jesus. Na vida, devemos viver e ensinar como Jesus vivia e ensinava. Todos nós somos apóstolos ou líderes. Como vivemos em nossos grupos: escola, jogos e em casa, a nossa liderança? Sabemos organizar, animar ou queremos mandar nos outros?

Canto: Vamos cantar a música que aprendemos no encontro passado: *Amar como Jesus amou...*

4. JESUS VIDA! FORTALECE A MINHA VONTADE PARA VIVER A TUA PALAVRA

- O que queremos dizer a Deus a partir do ensinamento que Ele nos deu?
  (Cada um faz sua oração em silêncio e escreve no caderno.)
- Depois, dar um tempo para que cada um reze em voz alta a oração que fez.
- Rezar o Pai-Nosso de mãos dadas.

Canto: *Deus nos abençoe* (Música de Zé Vicente)

5. COMPROMISSO

- Escrever no caderno a frase do Evangelho que você mais gostou para praticar nesta semana.

Convite:

Preparar um convite para os catequizandos estarem todos na missa ou celebração, juntamente com os pais ou pessoas responsáveis, no próximo domingo, na comunidade. Esclarecer no convite que serão apresentados à comunidade como o grupo dos amigos de Jesus e receberão da mão de seus pais a Bíblia.

- O catequista prevê um convite para ser entregue aos pais ou responsáveis, explicando que todos deverão levar uma Bíblia na celebração da comunidade.
- Preparar esta oração para o momento da celebração da entrega da Bíblia:

    Obrigado Senhor, pela tua Palavra!
    Obrigado porque esta Palavra é sempre viva e eficaz.
    Queremos conhecê-la para amá-la.
    Amando-a, que possamos vivê-la em todos os dias de nossa vida.
- No próximo encontro, cada um traz a Bíblia que receberá de seus pais na celebração de domingo.

6. AVALIAÇÃO DO CATEQUISTA

Catequista, em seu caderno, anotará as percepções que teve sobre os catequizandos durante o encontro.

Celebração na comunidade

Apresentação dos catequizandos à comunidade, entrega da Bíblia e o sinal da cruz

Na missa ou na celebração da Palavra na comunidade, no domingo, fazer a apresentação dos catequizandos que estão começando o processo de Iniciação Cristã. É bom que se reserve um espaço próprio, na igreja, para as crianças, os seus pais ou responsáveis.

1. Algumas indicações de como fazer

- O(a) catequista combina com o padre e com a equipe de liturgia essa celebração.
- Os catequizandos, junto com os pais, poderão entrar em procissão no início da celebração, e sejam acolhidos com breves palavras e a comunidade seja motivada sobre a importância do caminho que as crianças estão trilhando na catequese.

2. Após o sinal da cruz

- O presidente da celebração diz estas ou outras palavras: "Queridos catequizandos, vocês estão começando um caminho de fé e de encontro com Jesus. Vocês foram chamados para serem amigos de Jesus, para viver em vocês os mesmos sentimentos de Jesus. Por isso, convido os pais a traçarem sobre vocês o sinal da cruz".
- Enquanto os pais fazem esse gesto, o presidente da celebração diz: "Recebe na fronte o sinal da cruz: o próprio Cristo te protege, com o sinal de seu amor. Aprende a conhecê-lo e a segui-lo".

3. Na liturgia da Palavra

- A Bíblia poderá ser introduzida por um casal de pais, por um catequista trazendo uma vela acesa e por algumas crianças com flores. A procissão inicia quando inicia o canto.

- Acolhida da Palavra com estas palavras:

Vamos acolher a Bíblia através da qual Deus nos vai falar hoje e falará a estes catequizandos que estão fazendo sua caminhada de Iniciação Cristã. Estendamos nossas mãos, como gesto de aceitação da Palavra de Deus e disponibilidade de segui-la em nossa vida de cada dia.

Canto: *Santo livro* (ou outro).

4. Após a homilia

- Fazer o rito da entrega da Bíblia para cada catequizando (pelos pais) com esta motivação:
- O principal livro da catequese é a Bíblia, que é a Palavra de Deus. Através dela, conhecemos quem é Deus, quem é Jesus e aprendemos a viver o que Ele nos ensina. Ela faz com que estejamos mais próximos de Jesus. Com ela, aprendemos como Jesus quer que vivamos para sermos sempre seus amigos. Por isso, hoje, entregamos a vocês este Livro Sagrado para que ele seja lido, meditado e vivido. Pedimos aos pais ou responsáveis que segurem a Bíblia erguida junto a seus filhos.
- O presidente da celebração reza:

Oração: *Senhor Jesus, que nos convidas a construir a nossa vida sobre a tua palavra, vivendo e agindo como Tu. Pedimos que tenhamos em nós os mesmos sentimentos que tiveste e que vivamos os teus ensinamentos. Por isso, te pedimos que, ao receber, hoje, esta Bíblia, nos ajudes a conhecer e viver a tua Palavra. Que ela seja lâmpada para nossos passos e luz para o nosso caminho. Isto te pedimos, Tu que és Deus com o Pai na unidade do Espírito Santo. Amém.*

Queridos catequizandos, recebam, pois, o Livro Sagrado da Palavra de Deus. Que esta Palavra Divina seja força no coração e luz na vida. Peço aos pais que entreguem a Bíblia a seus filhos.

Canto: *Santo livro* ou *Tua Palavra é lâmpada*.

- Os catequizandos, com a Bíblia na mão, rezam:

Obrigado, Senhor, pela tua Palavra!

Obrigado porque esta Palavra é sempre viva e eficaz.

Queremos conhecê-la para amá-la,

E amando-a, que possamos vivê-la em todos os dias de nossa vida.

(Os catequistas providenciam para que todos os catequizandos tenham, em mãos, esta oração).

5. Preces dos fiéis

- Sejam feitas algumas preces pelos catequizandos, por seus pais e catequistas e pela comunidade. Como refrão das preces diz-se: "Que a vossa Palavra, Senhor, ilumine nossa vida."

6. Oração Eucarística

- Se a entrega da Bíblia acontecer durante a missa, reza-se a Oração Eucarística das crianças nº 3.

7. Bênção final

- O Presidente da celebração diz:

Queridos catequizandos, inclinem a cabeça para receber a bênção, e vós, pais, estendam a mão sobre seus filhos.

- O Presidente prossegue: Abençoa, Senhor, estes teus filhos e filhas, a quem entregamos a tua Palavra, para que acolhendo-a no coração, encontrem a sabedoria que leva à salvação, pela fé em Jesus Cristo, nosso Senhor, que é Deus conosco, na unidade do Espírito Santo. Amém.

8. Avaliação do catequista

Ao longo da semana, avaliar a celebração, anotar os pontos que foram fortes, como se sentiu, se conseguiu atingir os objetivos. Anotar o que alcançou e quais as dificuldades sentidas.

A Bíblia nos ajuda a conhecer Jesus

4º Encontro

Preparando o encontro

O centro de toda a Sagrada Escritura é Jesus. O Povo de Deus sempre esperou por esse Messias. No Primeiro Testamento, o povo esperava por um enviado de Deus que viria libertar o povo de toda opressão. Os profetas anunciam o Servo de Javé que viria para servir ao povo. Essa convicção foi crescendo, lentamente, na maneira de pensar e agir das pessoas. Quando chegou Jesus, o povo simples e humilde foi, aos poucos, percebendo que Ele era esse Messias. E Jesus mesmo se declara o Filho do Pai, enviado de Deus para a salvação do mundo.

Tudo o que se fala de Jesus pode ajudar a conhecê-lo melhor, mas quanto mais lermos e meditarmos a Palavra de Deus, especialmente os santos Evangelhos, melhor conheceremos quem é Jesus.

Objetivo: Mostrar que a Bíblia é o primeiro e o mais importante livro de catequese e que por isso devemos conhecê-lo, amá-lo e usá-lo sempre.

Preparação do ambiente: Grupo em círculo, a Bíblia em destaque, vela.

1. MOMENTO DE ACOLHIDA E ORAÇÃO

- Já estamos em nosso quarto encontro. Desejo que todos se sintam bem e alegres por estarmos juntos. Iniciemos com o sinal da cruz.
- Feito o sinal da cruz, o catequista convida um dos catequizandos para acender a vela, explicando que a chama representa a luz de Deus, que nos ilumina no caminho da vida.

Canto: *Este encontro será abençoado.*

- Vamos falar sobre a celebração da entrega da Bíblia:
    - Como participamos e vivemos a celebração na comunidade?
    - O que significou receber a Bíblia e sermos apresentados à comunidade?
    - O que mais chamou a atenção de cada um e por quê?
- Deixar um tempo para partilhar e depois o catequista pode fazer algumas complementações que achar importante. Ter muito cuidado para não ferir, caso algum familiar não esteja presente na celebração; ver como pode ajudar.

2. JESUS VERDADE! AJUDA-ME A CONHECER A TUA PALAVRA

- O catequista convida para que todos ergam a Bíblia e cantem: *Tua Palavra é lâmpada para meus pés* (ou outro canto sobre a Palavra de Deus).
- Leitura do texto bíblico: Lucas 4,16-21 (Alguém do grupo lê em voz alta).
- Após a leitura, cada um beija a Palavra de Deus.
- Cada um, na sua Bíblia, lê, em silêncio, o mesmo texto.
- O catequista ajuda o grupo a recontar o texto.
- Vamos repetir juntos o que Jesus leu no livro que lhe deram?
- Como as pessoas se comportaram durante a leitura da Palavra de Deus?

3. JESUS CAMINHO! ABRE MEU CORAÇÃO PARA ACOLHER A TUA VONTADE

- Ajudar o grupo a atualizar a Palavra:
    - O que esta Palavra de Deus me ensina?
    - Jesus participa do encontro na sua comunidade. Em nosso encontro, porque a Palavra de Deus é importante?
    - Que orientação a Palavra de Deus, que ouvimos hoje, nos dá para a vida?

Para reflexão do catequista

Todos gostamos de receber notícias dos amigos, dos colegas, dos parentes. Hoje, com a internet, nos comunicamos com muitas pessoas, até com quem nem conhecemos. A Bíblia foi um jeito que Deus usou para se comunicar com as pessoas.

A Bíblia é um grande livro que se divide em duas grandes partes chamadas de testamentos do amor de Deus. A palavra Bíblia significa conjunto de livros.

A primeira parte, conhecida como Antigo (Primeiro) Testamento, nos fala como Deus criou o mundo e as pessoas e como agiu na história, através daqueles que souberam descobrir qual era a vontade de Deus. São 46 livros. Ao abrir a Bíblia, encontramos os nomes desses livros no índice ou sumário.

A segunda parte, conhecida como Novo (Segundo) Testamento, fala de um Deus bem perto de nós, na pessoa de Jesus. Mostra sua vida, sua pregação, seu ensinamento, sua morte e ressurreição. Fala daqueles que, acreditando em Jesus, continuaram sua obra. Fala, também, dos primeiros grupos que seguiram Jesus, das primeiras comunidades que se organizaram pela pregação dos apóstolos. São 27 livros, cujos nomes estão no índice ou sumário.

A Bíblia não nasceu pronta, como a temos hoje, porque precisou de longo tempo. Foram homens e mulheres como nós, que tinham fé em Deus, que a escreveram.

Para entender a Palavra de Deus, que está na Bíblia, precisamos abrir nossos corações e ligar nossa vida com a mensagem que Deus nos quer passar.

É muito importante saber como se divide a Bíblia e como podemos encontrar as passagens sobre as quais queremos meditar. Cada livro tem um nome (ex.: no Primeiro Testamento, temos o Gênesis, os Salmos etc. No Segundo Testamento, temos os Evangelhos, o Apocalipse etc.). Convidar a abrir a Bíblia e encontrar o livro do Gênesis. (Deixar tempo para que encontrem) Depois, motivar a encontrar o Evangelho de Lucas. Mostrar que cada um dos livros pertence a um dos Testamentos. Olhando no índice da Bíblia, orientar a conhecer a abreviatura que identifica cada livro. (Ex.: Gênesis = Gn; Lucas = Lc). Todos os livros são divididos em capítulos e cada capítulo, em versículos. O capítulo é o número maior (sempre ao lado da parte escrita) e o versículo, o número menor (muitas vezes no meio das frases).

Dinâmica: Dois a dois, encontrar na Bíblia:

1. A abreviatura dos seguintes livros: Salmos – Eclesiástico – Mateus – João.
2. O nome de cinco livros do Primeiro Testamento.
3. O nome de cinco livros do Segundo Testamento.

4. JESUS VIDA! FORTALECE A MINHA VONTADE PARA VIVER A TUA PALAVRA

- O catequista convida para um momento de silêncio e de oração pessoal. Ajuda o grupo com algumas indicações como estas:
    - O que quero dizer a Deus hoje?
    - O que tenho para agradecer?
    - Cada um faz sua oração sozinho e depois, convida o grupo a rezar junto.
- O catequista faz a oração que segue:

    Jesus, nós somos teus amigos e por isso queremos acolher este livro que nos mostra como Deus nos ama e nos quer bem. Ajuda-nos a lê-lo e a meditá-lo para alimentar nossa vida.

- Todos, de pé e em silêncio. Passar uma Bíblia de mão em mão. Quem a recebe, a beija e faz o sinal da cruz. Esse gesto é um compromisso de sempre procurarmos ler a Palavra de Deus.

Canto: *Toda a Bíblia é comunicação* ou *Pela Palavra de Deus*.

- Cada um assinala a boca e os ouvidos com o sinal da cruz, para que aprendamos a escutar e a anunciar a Palavra de Deus.

5. COMPROMISSO

- Orientar para conversar com seus familiares sobre o que é a Bíblia e o que cada um aprendeu no nosso encontro de hoje.
- Para o próximo encontro, cada um traz uma foto sua ou da família ou de um amigo.
- Trazer, também, algumas frutas para a partilha e algumas flores ou ramos verdes.

6. AVALIAÇÃO DO CATEQUISTA

Ao longo da semana, avaliar o encontro, anotar os pontos que foram fortes, como se sentiu e se conseguiu atingir os objetivos. Anotar o que alcançou e as dificuldades sentidas.

Jesus ama tudo o que o Pai criou

5º Encontro

― Preparando o encontro ―

São Paulo, na carta aos Colossenses (1,15-20), diz que tudo o que existe foi criado em Jesus e Nele todas as coisas tomam sentido. A pessoa humana, a natureza, os acontecimentos e o universo fazem parte de Cristo. Há, pois, uma unidade de amor, que se inicia em Jesus, se liga com todo o universo e se realiza plenamente em Jesus Cristo. Tudo o que Deus fez, Ele realizou por amor.

Objetivo: Reconhecer o grande amor de Deus por nós ao dar-nos um mundo bonito e ao criar a pessoa humana.

Preparação do ambiente: Flores, frutas, argila ou massa de modelar, Bíblia e as fotos que cada um trouxe.

1. MOMENTO DE ACOLHIDA E ORAÇÃO

Estamos no quinto encontro da nossa caminhada de Iniciação Cristã. Sejam todos bem-vindos! Que este encontro de hoje seja de alegria e de festa por estarmos reunidos como irmãos e irmãs.

Canto: *Deus é bom pra mim.*

Oração: *Ó Deus, tu amas cada um de nós com carinho. Nos criastes para sermos amigos. Criastes para nós um mundo bonito. Ajuda-nos para que nós nos amemos e cuidemos do mundo bonito que nos destes. As águas puras dos rios, as árvores, os campos verdes, os animais, as aves, a mãe-Terra. Ajuda-nos a preservar e proteger tudo o que fizestes e impedir que seja destruído. Amém.*

- Hoje, vamos ler juntos uma história bonita da Bíblia que mostra o que Deus faz àqueles que ele ama. Vamos conhecer como Deus criou a pessoa humana e o mundo em que vivemos.

- Antes da leitura, o catequista pode provocar uma conversa a partir destas duas perguntas:
  - Quem já ouviu a história da criação?
  - Onde a encontramos na Bíblia?
- Lembrando o que aprendemos no encontro passado, vamos procurar cada um, na sua Bíblia Gn 1, 1-2,4a. (Ir verificando se cada um encontrou o texto.)

2. JESUS VERDADE! AJUDA-ME A CONHECER A TUA PALAVRA

- Leitura do texto bíblico: Gênesis 1, 1-2,4a.
- O catequista ajuda o grupo a:
  - Fazer a memória do que foi criado em cada dia da criação.
  - Relembrar o que Deus disse após cada coisa criada.
  - Entender por que o homem e a mulher foram os últimos a serem criados.
  - Repetir expressões, frases, palavras que mais chamaram a sua atenção.

3. JESUS CAMINHO! ABRE MEU CORAÇÃO PARA ACOLHER A TUA VONTADE

- Ajudar o grupo a atualizar a Palavra:
  - O que essa Palavra diz para mim?
  - Para que Deus criou as coisas bonitas que temos: o sol, a luz, a água, os animais, a natureza, as flores... e a pessoa humana?
  - O que devemos fazer com tudo o que Deus nos deu de presente?
- Vamos olhar para as fotografias que trouxemos: são bonitas, são de pessoas que amamos.
- O que sentiríamos se alguém estragasse essas fotos?

Para reflexão do catequista

Neste texto bíblico da criação, vai-se descrevendo como foi organizada essa natureza tão bonita. E Deus percebia que tudo era bom. Existia verdadeira harmonia e amizade, uma comunhão real entre os animais e os vegetais, entre o céu e a terra, entre as pessoas e a natureza. As coisas aconteceram como Deus pensou e projetou. Na expressão: "E Deus viu que tudo era bom" (v. 10), está um convite para todos nós: faça tudo o que estiver ao teu alcance, para que a criação continue sendo muito boa e não permita que a obra de Deus seja estragada pela ignorância, pela ganância e violência do ser humano. Primeiro Deus faz a luz, pois onde há luz, há vida e podemos enxergar. Com a luz de Deus podemos ver as coisas boas que acontecem, como, por exemplo, gestos de caridade e atitudes de fraternidade e boas amizades. O mundo bonito que Deus criou conta com a nossa colaboração para que haja sempre vida. Nós devemos respeitar os animais, os vegetais, não desperdiçar água, não poluir a natureza. Devemos plantar árvores, flores nas praças, nas ruas, nos parques, no jardim de nossa casa, nas escolas e em tantos lugares. Devemos aprender a reciclar o lixo, separando o que é reciclável do que é orgânico. Devemos armazenar a água da chuva para usá-la nas flores, lavar o carro e as calçadas. No sétimo dia, Deus descansou de todo o seu trabalho. Isso nos ensina que o descanso faz parte também da vida das pessoas.

Atividade:

- Colocar música com sons da natureza que ajude o grupo a entrar em sintonia com a natureza e contemplar a obra criadora de Deus.
- Cada um procura um elemento na natureza que mais lhe chama a atenção. Modele com argila ou desenhe.
- **Motive a refletir:** Por que o escolhi? O que ele me diz? Como devo cuidar disso que Deus criou?
- Em grupo ou em duplas, elabore uma oração que expresse a alegria pela beleza da criação.
- O catequista retoma o texto bíblico com estas frases:
    - Deus nos ama tanto que nos deu um mundo bonito.
    - Deus ama cada um de nós como filhos.
    - O mundo criado por Deus é bom.
    - Homem e mulher são imagem de Deus.
    - Devemos amar a Deus como ele nos ama.
    - A humanidade deve cultivar e preservar a vida e o planeta.
    - Não podemos estragar o que Deus criou com tanto amor.
    - E Deus viu que tudo era bom.

4. JESUS VIDA! FORTALECE A MINHA VONTADE PARA VIVER A TUA PALAVRA

- O catequista coloca, no centro do grupo, as frutas, as flores, os ramos verdes, as fotos e o que cada um modelou ou desenhou e convida todos a olharem atentamente.
- Cada um faz uma prece de agradecimento a Deus pelo seu grande amor por nós.

Canto: *Em coro a Deus, louvemos.*

- Orientar a repetir juntos:

    Jesus, ajuda-nos a amar todas as pessoas.
    Jesus, ajuda-nos a amar as coisas bonitas que Deus criou.
    Jesus, ajuda-nos a cuidar do mundo que Deus criou.
    Jesus, ensina-nos a amar e a cuidar da Terra, nossa mãe.

- Convidar as crianças para partilhar as frutas trazidas.

5. COMPROMISSO

- Assumir juntos uma tarefa ou atitude de respeito e cuidado em relação ao meio ambiente, à água, ao lixo que nos ajude a amar o que Deus criou para nós (ex.: não jogar lixo no chão ou na rua, separar o lixo seletivo do orgânico, não desperdiçar água...).
- Fazer uma lista do tempo que determinadas coisas jogadas no lixo demoram para se decompor e quantos anos precisa um pinheiro para dar pinhão ou outra árvore que conhecemos para dar frutos.
- Após terminar o encontro, todos observam o local do encontro de catequese, andam pelo pátio, ao redor da Igreja e do salão e na rua, tentando perceber como está o ambiente. O que está conforme a vontade de Deus e o que não está? Fazer a mesma coisa na sua casa, na escola, no apartamento...

6. AVALIAÇÃO DO CATEQUISTA

Ao longo da semana, avaliar o encontro, anotar os pontos que foram fortes, como se sentiu e se conseguiu atingir os objetivos. Anotar o que alcançou e as dificuldades sentidas.

Jesus é anunciado e esperado

6º Encontro

Preparando o encontro

Profeta não é aquele que prevê o futuro, mas aquele que anuncia o projeto de Deus, que é a salvação. Deus criou o mundo bom e cheio de felicidade. Nele colocou as pessoas para que fossem felizes. O egoísmo, porém, levou a criatura humana pelos caminhos do mal. Através dos profetas, Deus quer mostrar a todos como alcançar a felicidade. Deus não abandona seus filhos e filhas. Mesmo quando não somos fiéis, Ele nos oferece novas oportunidades para reencontrarmos a vida. Foi exatamente esse o projeto divino de salvação, que os profetas anunciaram para reconduzir as pessoas ao caminho do bem.

Objetivo: Compreender que os profetas são mensageiros de Deus ao povo.

Preparação do ambiente: Lembrar sempre de preparar o ambiente de forma circular; no centro, um tronco seco com um broto verde, Bíblia, vela.

1. MOMENTO DE ACOLHIDA E ORAÇÃO

- O nosso encontro de hoje nos aponta para algo novo. Aponta a novidade que Deus anuncia à humanidade através de pessoas chamadas profetas. São pessoas que falam por inspiração ou em nome de Deus, que anunciam o bem, a verdade e o que é justo.

- Vamos iniciar nosso encontro acendendo a vela que está em nosso meio. Lembremos que Jesus é luz para iluminar nossos caminhos. Foi essa luz, que é Jesus, que os profetas anunciaram, dizendo: "Uma luz brilhará nas trevas."

- Enquanto acendemos a vela, cantamos:

  Canto: *Indo e vindo, trevas e luz, tudo é graça, Deus nos conduz.* (Repetir 3 x).

2. JESUS VERDADE! AJUDA-ME A CONHECER A TUA PALAVRA

- Leitura do texto bíblico: Isaías 7,14-17.
- Ajudar o grupo a entender o texto:
    - O que diz essa Palavra que ouvimos?
    - Quais são as pessoas e as imagens que aparecem?
    - Qual é a promessa que Deus faz?
    - Com que nome será chamado o filho que vai nascer?
- Este texto é do Primeiro Testamento. Vamos abrir a Bíblia, separando os dois testamentos.

Para reflexão do catequista

Este texto é do Primeiro Testamento. O povo de Deus estava vivendo uma situação difícil. O mesmo acontecia no tempo de Jesus. Neste texto, aparece o nome de um rei mau: Acaz. Era um rei que fazia o povo sofrer através das guerras e queria trocar a religião do povo por uma religião de magias e imagem de rei, como se fosse um Deus, sacrificando crianças. Por isso, esse rei não aceita o que Deus quer para o povo. Esse rei vaidoso e cruel ouviu de Deus uma verdade dura: "Tu estás cansando a Deus e o povo."(cf. Is7,13).Deus, então, irá mostrar outro tipo de líder que seja bom para o povo. Esse líder se chamará Emanuel, que quer dizer: "Deus conosco", "Deus está no meio do povo". Ele vai nascer de uma jovem simples. Antigamente também diziam que, quando uma criança ainda não tinha chegado ao uso da razão, comia coalhada e mel. Quando crescesse, então, não comeria mais esses alimentos – isso queria dizer que saberia rejeitar o mal e escolher o bem. Essa criança haveria de crescer e ser uma pessoa boa e não como o rei Acaz. O profeta anuncia a vinda do Emanuel, que, depois, no Segundo Testamento, será reconhecido como Jesus.

3. JESUS CAMINHO! ABRE MEU CORAÇÃO PARA ACOLHER A TUA VONTADE

- O catequista faz o grupo refletir sobre o texto, perguntando:
    - Este texto bíblico nos ajuda a preparar a vinda de quem?
    - Qual a novidade que o profeta Isaías anuncia?
    - Como costumamos esperar uma criança que vai nascer? Quem de vocês já esperou um irmãozinho ou irmãzinha? Como a mãe, os irmãos, o pai e os amigos preparam a chegada de um filho?
- Quando sabemos que chegará uma visita da qual gostamos muito, a esperamos com alegria.
- O que nós, como grupo, podemos fazer para preparar bem a visita que Deus nos faz através de seu Filho Jesus, que nasce no Natal?
- Como a Igreja chama o tempo de espera do nascimento de Jesus?

> **Para a informação do catequista**
>
> O tempo de espera para a chegada do menino Jesus se chama advento, que significa EXPECTATIVA, ESPERA ALEGRE. Advento é o início do ano litúrgico, ano da Igreja. Ele antecede o Natal. É um tempo de preparação alegre. O povo cristão, esperando o nascimento de Jesus Cristo, busca o arrependimento do mal cometido e promove a fraternidade e a paz. Este tempo dura quatro semanas.

Canto: *Isaías desperta a esperança de um povo.*

4. JESUS VIDA! FORTALECE A MINHA VONTADE PARA VIVER A TUA PALAVRA

- Todos ficam um tempo em silêncio olhando para o tronco seco com o broto verde. O que significa este tronco? É comum vermos um tronco seco com um galho verde?
- Escrever uma oração. Depois que todos escreveram, cada um partilha e reza com o grupo todo.

Canto: *Vem! Senhor Jesus, o mundo precisa de ti.*

- O catequista convida o grupo a ficar de mãos dadas e reza:

Oração: *Senhor Jesus, obrigado por ser nosso amigo. Queremos viver sempre unidos a ti. Ajuda-nos a preparar a tua chegada no Natal. Que* *o nosso coração esteja sempre aberto para a vida, para o bem e para a paz. Que nós saibamos fazer muitos gestos de fraternidade, pois Tu estás presente em todas as pessoas. Vem! Senhor Jesus! O mundo precisa de ti!*

5. COMPROMISSO

- Providenciar para o próximo encontro: um pano cor rósea, ramos verdes e quatro velas para confeccionar, juntos, a coroa do advento. (Ver que cada um pode trazer.)
- Trazer figuras ou fotos de mulheres grávidas e uma imagem de Nossa Senhora. (Ver quem vai providenciar.)
- Orientar para verificar, em casa, nos seus brinquedos e coisas de estimação e escolher um presente para doar a uma criança, para trazer no próximo encontro.

6. AVALIAÇÃO DO CATEQUISTA

Ao longo da semana, avaliar o encontro, anotar os pontos que foram fortes, como se sentiu e se conseguiu atingir os objetivos. Anotar o que alcançou e as dificuldades sentidas.

Maria de Nazaré escolhida para ser a mãe de Jesus

7º Encontro

― Preparando o encontro ―

O profeta Isaías anunciou o nascimento de um "Príncipe de paz". Uma jovem daria à luz um menino, o Emanuel, que quer dizer Deus conosco. Esta é a grande promessa que animava o povo de Deus em sua caminhada. Entender melhor essa promessa de salvação é necessário para que os cristãos encontrem em quem acreditar. Precisamos compreender que esse anúncio feito pelos profetas se realizou em Jesus de Nazaré, filho de Maria. Ela tem um papel importante para a história da salvação: é a mãe do Salvador, colaboradora de Deus no cumprimento de sua promessa ao povo.

Objetivo: Aprender com Maria a preparar o nascimento de Jesus.

Preparação do ambiente: Figuras ou fotos de mulheres grávidas, imagem de Nossa Senhora, Bíblia, ramos verdes, quatro velas e um pano cor rósea.

1. MOMENTO DE ACOLHIDA E ORAÇÃO

- Iniciar dizendo: Sejam bem-vindos para este nosso encontro. Nós nos alegramos por estarmos aqui mais uma vez. Somos um grupo de amigos que se querem bem.

Canto: *Bem-vindo, irmão, bem-vinda, irmã*.

- Orientar a dar um abraço de acolhida, e cada um deseje ao outro um bom encontro.

Canto: *Maria de Nazaré* (Pe. Zezinho).

- Explicar que com os ramos verdes e as velas, vamos organizar a coroa do advento. Esse símbolo nos acompanhará até o Natal.

> **Para o catequista entender o que é a coroa do advento**
>
> É um sinal do tempo do advento – tempo em que esperamos e preparamos o nascimento de Jesus. Como todo símbolo, nos fala forte através dos seus elementos: a coroa feita de ramos verdes entrelaçados nos lembra a comunhão que devemos ter com as pessoas, com os que são diferentes de nós, com o mundo todo e com o universo. Os ramos entrelaçados significam que andar no caminho de Jesus é questão de fraternidade. As quatro velas, que devem ser acesas uma em cada semana, nos lembram duas partes:
>
> 1ª: as quatro semanas que precedem o Natal e 2ª: a coroa de luz à sua volta lembra que, aos poucos, precisamos ir iluminando o ambiente onde vivemos. A coroa é um símbolo que nos indica que o Natal se aproxima. O nascimento do Senhor JESUS é a grande esperança que fortifica a vida dos cristãos.
>
> A cor litúrgica própria do advento é a cor rósea, cor que expressa a expectativa alegre da vinda do Senhor e nos distingue do tempo roxo próprio para o tempo da quaresma.

2. JESUS VERDADE! AJUDA-ME A CONHECER A TUA PALAVRA

- Escolher três catequizandos para proclamar a Palavra: uma faz o narrador, outra o anjo e a terceira, Maria.
- Leitura do texto bíblico: Lucas 1,26-37.
- Após a leitura, cada um leia, novamente, na sua Bíblia.
- Ajudar o grupo a recontar o texto, com as seguintes perguntas:
  - Quais são os personagens que aparecem e o que cada um faz?
  - Qual é a atitude de Maria ao escutar o anúncio do anjo?
  - Onde e quando acontece o fato?
  - Qual é a frase ou pensamento central do texto?

Canto: *Maria de Nazaré.*

- Para que o texto bíblico fique bem gravado, é bom fazer, agora, uma encenação dessa passagem.

3. JESUS CAMINHO! ABRE MEU CORAÇÃO PARA ACOLHER A TUA VONTADE

- Nós estamos caminhando para o Natal.
- O que essa Palavra nos ensina?
- Que atitudes Deus me pede?

Para reflexão do catequista

Maria era uma jovem simples, mas com qualidades como tantas outras jovens do lugar. Pertencia a uma família pobre da cidade de Nazaré, na Palestina. Era uma pessoa religiosa que estudava com sua mãe a Palavra de Deus. Era bondosa, humilde e trabalhadora. Sua preocupação era ajudar os outros. Com a visita do anjo, ficou confusa e sem entender o que o anjo queria dizer. Colocou-se, porém, inteiramente à disposição de Deus: "Eis, aqui, a serva do Senhor, faça-se em mim a Vontade de Deus". (Lc 1,38). Foi a sua resposta ao anjo-mensageiro de Deus. "O Espírito Santo virá sobre Ti e a bondade de Deus te cobrirá com sua sombra e você será a Mãe do Salvador, Jesus" (Lc 1,35).

Maria era noiva de José, um carpinteiro, muito trabalhador, carinhoso e corajoso. Ele (mesmo sem entender o que estava acontecendo) soube ser companheiro de Maria e ajudou-a a cuidar de Jesus. Ela foi a mãe de Jesus porque Deus a escolheu, e ela se dedicou inteiramente em fazer a vontade de Deus. O SIM de Maria significa a fidelidade na fé, na esperança e no amor.

Tudo começa em Maria quando ela diz SIM ao Senhor, mesmo que suas dúvidas a deixem confusa. Para Deus, que lhe pedia que fosse mãe de seu Filho, nada era impossível.

Do "faça-se a vossa vontade" (Lc 1, 38) dito por Maria, nasceu Jesus. "A Palavra de Deus se fez carne e veio habitar entre nós", conforme nos diz o Evangelho de João 1,14.

- Assim como Maria se preparou para receber Jesus no Natal, sendo fiel à vontade de Deus, nós também precisamos nos preparar para que o Natal não passe despercebido ou desviado de seu sentido.
- Vamos cantar o hino de Nossa Senhora e que Ela nos ajude nessa caminhada até o Natal.

Canto: *Maria do sim*.

- Vamos lembrar, agora, os nomes com os quais chamamos Maria e escrevê-los em um cartaz.
- Deixar um tempo para que os catequizandos manifestem suas formas de chamar Nossa Senhora.

4. JESUS VIDA! FORTALECE A MINHA VONTADE PARA VIVER A TUA PALAVRA

- Rezar com os catequizandos a saudação à Nossa Senhora que está nas orações do cristão.
- Motivar os catequizandos para que rezem em casa durante toda a semana.
- Explicar que essa oração lembra a saudação do anjo e a aceitação da vontade de Deus, por parte de Maria e a encarnação de Jesus.
- Oração do Angelus:

> O anjo do Senhor anunciou à Maria
> E ela concebeu do Espírito Santo.
> Eis, aqui, a serva do Senhor
> Faça-se em mim a tua Palavra.
> E o verbo divino se fez carne
> E habitou entre nós
> Ave-Maria...
> Oremos: Infundi, Senhor, em nossos corações, a vossa graça para que nós que conhecemos, pela anunciação do anjo, a encarnação de Jesus Cristo vosso Filho, cheguemos, por sua paixão e cruz, à glória da ressurreição, por Cristo Nosso Senhor. Amém.

Nota: Neste encontro, apareceu muitas vezes a palavra anjo: anjo é um mensageiro de Deus que leva boas notícias às pessoas. O anjo que levou a boa notícia à Maria se chamava Gabriel. Existem também os anjos Rafael e Miguel.

- Na palavra de Deus que lemos hoje, está presente a oração da Ave-Maria: a primeira parte lembra a saudação do anjo à Maria. Vamos recordar o que diz a Bíblia: "Ave cheia de graça, o Senhor é contigo." Logo em seguida, rezamos com as palavras de Isabel, que saudou Maria, dizendo: "Bendita és tu entre as mulheres e bendito é o fruto do teu ventre". A segunda parte da Ave-Maria é uma súplica da Igreja pedindo a sua proteção materna.
- Vamos rezar essa oração. Cada um reza a primeira parte, e todos respondem: Santa Maria...
- Em forma de ladainha, invoquemos Maria com os nomes que estão no cartaz que foi preparado e respondamos: Rogai por nós!

5. COMPROMISSO

- Contar em casa como Maria foi escolhida para ser a mãe de Jesus. Ler junto com a família a história contada na Bíblia.
- Rezar em casa todos os dias a oração do anjo do Senhor.
- O anjo foi mensageiro de Deus levando uma boa notícia à Maria. Ela seria a mãe de Jesus. Nesta semana, todos nós queremos ser anjos-mensageiros. Pensemos numa boa notícia que podemos levar para outras pessoas. Qual seria a notícia? Para quem?

No próximo encontro, vamos começar a fazer o presépio. Para isso, eleger com os catequizandos os objetos necessários para a construção do presépio e delegar tarefas, dividindo o que cada um trará para o próximo encontro.

- Escolher duas catequizandas para, no próximo encontro, representar Maria e Isabel. Com elas, combinar a encenação do texto bíblico. Preparar uma margarida (o miolo e as pétalas recortadas para fazer uma montagem).

6. AVALIAÇÃO DO CATEQUISTA

Ao longo da semana, avaliar o encontro, anotar os pontos que foram fortes, como se sentiu e se conseguiu atingir os objetivos. Anotar o que alcançou e as dificuldades sentidas.

8º Encontro

Maria é servidora de quem precisa

Preparando o encontro

Maria acreditou na Palavra de Deus. Entendeu que o que acontecia com ela era obra de Deus. Entendeu, também, que Deus estava presente, de forma extraordinária, na vida de sua prima Isabel. Maria, jovem, que estava grávida de Jesus, sentiu-se chamada a ajudar sua prima Isabel, já em idade avançada, também grávida, esperando João Batista. Ela certamente precisava de cuidados especiais. Põe-se a caminho, movida pela caridade fraterna.

Objetivo: Aprender de Maria a disponibilidade e o serviço aos irmãos.

Preparação do ambiente: Colocar a coroa do advento com os ramos verdes e quatro velas, o pano de cor rósea no centro da sala e o miolo de uma margarida onde deve estar escrito o nome: MARIA. Preparar as pétalas da margarida para distribuir aos catequizandos durante o encontro.

1. MOMENTO DE ACOLHIDA E ORAÇÃO

- **Comentar:** Mais uma vez estamos juntos nos preparando para o Natal do Senhor Jesus. Expressemos, no gesto de apertar a mão do colega, nossa alegria por este encontro de irmãos e irmãs. Enquanto nos preparamos nesse tempo do advento para a chegada de Jesus, cantemos.

Canto: *Vem! Senhor Jesus! O mundo precisa de Ti!*

- Rezemos juntos a oração que aprendemos no encontro anterior: *O anjo do Senhor anunciou à Maria.*

- Dizer: antes de continuar nosso encontro, vamos iniciar a montagem do presépio com o material que cada um trouxe.

- Ver onde é possível montar o presépio: colocar as primeiras coisas necessárias para iniciar o presépio (areia, pedra, grama...), sabendo que ele será completado em outros encontros.

Canto: *Maria mãe dos caminhantes.*

2. JESUS VERDADE! AJUDA-ME A CONHECER A TUA PALAVRA

- Leitura do texto bíblico: Lucas 1,39-56.

(Um menino faz o narrador e duas meninas que prepararam a encenação fazem Maria e Isabel.)

- Em seguida, cada catequizando lê, em silêncio, mais uma vez, prestando bastante atenção na história que é contada.
- O catequista ajuda as crianças a contar a história com as próprias palavras.
- Ajudar o grupo com as seguintes perguntas:
    - Onde Maria morava? Onde morava Isabel?
    - O que aconteceu com a chegada de Maria à casa de Isabel?

> **Para informação do catequista**
>
> Entre Nazaré da Galileia, onde morava Maria e a região montanhosa, onde se localiza a cidade de Ain-Karim na Judéia, onde morava Isabel, são mais ou menos 200km.

3. JESUS CAMINHO! ABRE MEU CORAÇÃO PARA ACOLHER A TUA VONTADE

- O que este fato diz para cada um de nós e como grupo?
- O que aprendemos dessa história?
- Vamos repetir palavras ou frases do cântico de Maria que mais nos chamaram a atenção.

Para reflexão do catequista

Maria nos dá uma lição de serviço e compromisso porque vai ao encontro de quem precisa. Isabel a reconhece como mulher feliz porque acreditou e se deixa ajudar. Maria canta ao Senhor: Ele realizou nela grandes coisas! Com este canto, ela mostra que conhece toda a história da salvação. Deus valoriza a mulher e atende ao seu desejo de libertação e de libertação do povo. Maria conhece o sofrimento, as angústias e as esperanças do seu povo. Tem o coração voltado para Deus, mas tem os pés na vida sofrida do povo. Ela nos pede para que também estejamos atentos a aquilo que acontece de bom e difícil na luta diária das pessoas. Maria e Isabel geram a vida de duas crianças que farão um grande bem à humanidade: João Batista, o precursor, e Jesus, o Salvador. Nesses nove messes, Maria cuida e atende a essa Palavra. A encarnação se alimenta da Palavra, que é Jesus, presente em seu ventre.

Se quisermos conhecer a oração de Maria, basta olhar o *"Magnificat"*, a oração que ela fez e que brotou do seu coração pela sua paixão por Deus. O sublime cântico do *"Magnificat"*, que o Espírito Santo colocou nos lábios de Maria, mãe de Jesus, revela-nos seus mais sinceros e profundos sentimentos.

- O catequista, seguindo as perguntas na sequência, ajuda o grupo a refletir sobre a situação que vive o nosso povo. Assim, os catequizandos entenderão que Maria foi muito solidária com o sofrimento de sua época.
- Como vemos, hoje, a realidade da vida do nosso povo?
- Por que muitas crianças morrem antes de nascer ou quando nascem, morrem depois por falta de condições de vida digna?
- Conhecemos situações e fatos semelhantes?
- Distribuir as pétalas da margarida e dois a dois pedir para escreverem uma atitude boa que o cristão deve cultivar para ser parecido com Maria.

- Apresentar a pétala com a palavra dizendo por que a escolheu.
- Cada dupla coloca no miolo da margarida a pétala formando a flor.

4. JESUS VIDA! FORTALECE A MINHA VONTADE PARA VIVER A TUA PALAVRA

- Rezar em dois coros o mesmo hino que Maria cantou no encontro com Isabel (Evangelho de Lucas 1,46-55).

Canto: *O Senhor fez em mim maravilhas, Santo, Santo, Santo é seu nome.*

- Cada um reza, em silêncio, fazendo sua oração, conversando com Jesus.

Canto: *Vem, Senhor Jesus! O mundo precisa de ti.*

5. COMPROMISSO

- Contar, em casa, a visita de Maria à Isabel e rezar antes de deitar com a família, o hino que Maria cantou.
- Pedir aos pais que escrevam uma mensagem para o grupo e trazer no próximo encontro.
- Nesta semana, cada um convide os pais ou responsáveis para fazerem juntos uma visita a alguém que precisa (doentes, crianças pobres, pessoas que precisam de ajuda).
- Trazer para o próximo encontro alguma peça e material necessário para completar o presépio e algum alimento para ser entregue a pessoas necessitadas da comunidade.

6. AVALIAÇÃO DO CATEQUISTA

Ao longo da semana, avaliar o encontro, anotar os pontos que foram fortes, como se sentiu e se conseguiu atingir os objetivos. Anotar o que alcançou e as dificuldades sentidas.

9º Encontro

Preparem os caminhos do Senhor

Preparando o encontro

João Batista foi o precursor, aquele que veio antes de Jesus. Sua missão era preparar as pessoas para receber Jesus e sua mensagem. "Preparai os caminhos do Senhor!" (Lc 3,3) João foi um homem simples, de profunda convicção religiosa, que conhecia a história do seu povo, o Povo de Deus. Entendeu e assumiu a vocação que Deus lhe confiou. Cada cristão precisa ser mais um que prepara os corações das pessoas para receber Jesus e o seu Evangelho.

Objetivo: Apresentar a figura de João Batista e seu convite para mudar de vida.

Preparação do ambiente: Preparar um caminho com pedras e espinhos, a coroa do advento, um cartaz com a frase: Preparai os caminhos do Senhor!

1. MOMENTO DE ACOLHIDA E ORAÇÃO

- Queridos catequizandos, hoje vamos conhecer uma pessoa importante que vai nos ajudar a preparar a vinda de Jesus. É um grande amigo de Jesus. Ele, nascido de Isabel, prima de Maria, veio antes de Jesus e é conhecido como a voz que grita no deserto: "Preparai os caminhos do Senhor!"(Lc, 3,3).

- Iniciemos nosso encontro fazendo o sinal da cruz. Nunca nos esqueçamos de que esse é o sinal do cristão. Esse sinal indica que somos seguidores de Jesus Cristo.

Canto: *Famílias se unem na casa do irmão.*

- Vamos partilhar o que conseguimos fazer nesta semana que passou. Lembremos do exemplo de Maria indo ajudar sua prima Isabel.

  (Cada um fala o que fez. Ler para todos a mensagem que os pais enviaram.)

2. JESUS VERDADE! AJUDA-ME A CONHECER A TUA PALAVRA

- Leitura do texto bíblico: Lucas 3,3-16.
- Todos estendem a mão e repetem esta frase: *Queremos aprender com João Batista a preparar os caminhos do Senhor.*
- Aquele que está com a Bíblia na mão relê o texto e todos escutam com atenção.
- Dois a dois, leem novamente o texto.
- Repetir frases ou palavras e depois anotar no caderno quais as palavras que mais chamaram a atenção.
- Ainda, dois a dois, responder a estas perguntas:
    - Quais são as pessoas de que o texto fala?
    - Qual é a pergunta que os grupos de pessoas faziam a João e que resposta ele dava para cada grupo?
- O catequista verifica se as respostas estão corretas.

3. JESUS CAMINHO! ABRE MEU CORAÇÃO PARA ACOLHER A TUA VONTADE

- Reunir o grupo todo e encenar essa passagem bíblica. (Caracterizar alguém de João Batista. Os catequizandos se aproximam e fazem as perguntas que estão na Bíblia e João Batista responde conforme o texto.)
- O catequista ajuda o grupo a refletir sobre as perguntas:
    - O que essa passagem da Bíblia diz para nós?
    - O que mais gostamos no texto?
    - Para nós, que estamos na catequese, o que João Batista ensina hoje? O que devemos fazer?

Para reflexão do catequista

João é aquele que veio antes de Jesus para preparar o povo para acolhê-lo. Era chamado de o "Batista" por que batizava as pessoas "com água", mas anunciava que Jesus iria batizar com o Espírito Santo. Como os profetas anteriores a ele, anunciou a chegada do Messias e foi o único que o mostrou "já presente no meio do povo". Apontava para Jesus e dizia ao povo: "Eis o Cordeiro de Deus." (Jo 1,36) João era uma pessoa muito exigente na sua pregação: convidava as pessoas a se converterem e a mudar a maneira errada de viver. Pregava a igualdade entre todos. Convidava os orgulhosos a se rebaixar e os humildes a terem coragem. Dizia: "Todo o vale será aterrado e toda a montanha será aplainada." (Lc 3,5) Se todos somos irmãos, não é justo que muitos passem fome. Como João falava como quem tinha autoridade, o povo pensava que ele era o Messias, mas João era muito justo e dizia: "Eu não sou o Messias, Ele virá depois de mim, Ele é mais importante do que eu. Não sou digno nem de desamarrar as correias de suas sandálias." (Mc 1,7)

Nós, neste tempo de catequese, precisamos aprender a viver como João Batista. Precisamos descobrir o que Jesus quer e espera de nós. Só assim o seguiremos, amando-o de verdade e nos tornando como João Batista, preparando nossos amigos e amigas para conhecer e acolher Jesus.

Canto: *Enviado por Deus, João Batista chegou.*

- Apresentar a letra do canto (cartaz, folha impressa...) para conversar sobre o que diz.
- Convidar a destacar palavras e frases do canto que nos ajudam a melhor preparar o Natal de Jesus.
- Fazer uma montagem com símbolos atuais que lembram a figura de João (bandeirinhas, fogueira, barraquinhas...).

4. JESUS VIDA! FORTALECE A MINHA VONTADE PARA VIVER A TUA PALAVRA

- Aproveitamos este momento para abrir nosso coração ao Senhor Jesus e falar com Ele. Peçamos que nos ajude, neste tempo de catequese e nesta preparação ao Natal, a conhecê-lo mais e a viver como Ele quer de nós. Cada um faça uma oração pessoal e escreva no caderno.
- O catequista conclui esse momento fazendo a oração que segue:

Oração: *Senhor Jesus, obrigado por nos ter dado João Batista. Ele veio anunciar tua vinda e convidou-nos a preparar nossos corações e nossa vida para a tua chegada. Ele veio nos ajudar a reconhecer-te como nosso Deus e Senhor. Pedimos, Senhor Jesus, que nos ajudes a conhecer e a assumir o que tu queres de nós. Que tenhamos coragem de viver conforme tua vontade, escutando teus ensinamentos e pondo-os em prática. Amém.*

- Apresentar aos catequizando a música Anunciação (Tu vens, tu vens, eu já escuto os teus sinais...) de Alceu Valença, convidando o grupo a ouvi-la atentamente.
- Organizar os alimentos trazidos de casa para serem entregues a famílias necessitadas da comunidade ou entregar a uma instituição que cuide da distribuição dos mesmos.

5. COMPROMISSO

- Em casa, com os pais, ler e rezar o mesmo texto bíblico deste encontro e conversar sobre estas duas perguntas:
  - Nós, como família, como vamos ser para viver melhor em casa? O que vamos organizar em preparação ao Natal?
  - O que podemos fazer para motivar nossa família e nossos vizinhos para participarem do grupo de novena em preparação ao Natal?
- Trazer para o próximo encontro fotos de quando vocês eram recém-nascidos.
- Organizar o amigo secreto para a celebração final do Natal.

6. AVALIAÇÃO DO CATEQUISTA

Ao longo da semana, avaliar o encontro, anotar os pontos que foram fortes, como se sentiu e se conseguiu atingir os objetivos. Anotar o que alcançou e as dificuldades sentidas.

10º Encontro

Jesus veio morar no meio de nós

Preparando o encontro

Jesus é a Palavra Viva de Deus Pai. O Evangelho de São João nos diz que esta Palavra Divina se fez carne e veio habitar no meio das pessoas. Diz o Evangelho: "E o Verbo se fez carne e habitou entre nós." (Jo 1,14). São Paulo nos diz que Jesus se fez, em tudo, semelhante a nós, menos no pecado. Ele veio morar entre nós para ser nosso irmão e, como um irmão querido, nos ensinar o caminho da realização. Esse caminho nos leva a Deus.

Objetivo: Conhecer como Jesus se fez criança e veio morar no meio de nós.

Preparação do ambiente: Imagem do menino Jesus, de José e Maria, Bíblia e vela, as fotos que cada um trouxe e outros símbolos para organizar o presépio com o grupo.

1. MOMENTO DE ACOLHIDA E ORAÇÃO

- Acender as velas da coroa do advento.

Canto: *Natal se aproxima é tempo de amar,* ou *Natal é vida que nasce.*

- O catequista reza uma frase por vez, e o grupo repete:

Estou alegre, Jesus, pelo teu nascimento entre nós.
Tu és a maior de todas as surpresas que acontecem no mundo.
Ninguém podia imaginar que chegarias até nós como uma criancinha.
Nasceste pobre, num lugar pobre, numa estrebaria.
Tu és o melhor presente da nossa vida.
Obrigado por esta surpresa e este presente. Amém.

- Vamos agora organizar, juntos, o presépio ou pensar como organizá-lo na Igreja.
- Hoje vamos antecipar, como grupo, a alegria do Natal do Senhor. Viver, já hoje, aquilo que todos os cristãos irão viver e celebrar no dia do Natal. Jesus se fez criança e veio morar no meio de nós. Fiquemos uns instantes em silêncio, olhemos para o presépio, pensemos como foi o nascimento de Jesus. Pensemos em Maria, em José e no menino Jesus. Pensemos nos pastores e nos reis magos. Cada um faça sua oração, fale com Jesus.
- O catequista ajuda os catequizandos a expressarem com as próprias palavras uma prece sobre o Natal.
- Concluída a oração, o catequista faz memória, pedindo para cada um contar o que fez ao longo da semana em relação aos compromissos assumidos no último encontro.

2. JESUS VERDADE! AJUDA-ME A CONHECER A TUA PALAVRA

- Leitura do texto bíblico: Lucas 2,1-20.
- Ler novamente o texto (cada um lê um versículo).
- Recontar a história (cada um conta uma parte).
- O catequista ajuda o grupo com as seguintes perguntas:
    - Quais são os personagens e o que cada um faz?
    - Como Jesus nasceu e onde?
    - Quem estava lá?
    - Qual das partes você mais gostou?

3. JESUS CAMINHO! ABRE MEU CORAÇÃO PARA ACOLHER A TUA VONTADE

- Organizar o grupo com os diferentes personagens e encenar essa passagem da Bíblia.
- Após a encenação, organizar pequenos grupos para conversar.
- Cada um conta o que sabe sobre o seu próprio nascimento.
- O catequista ajuda o grupo a refletir com as seguintes perguntas:
    - O que a história do nascimento de Jesus ensina para nós?
    - Hoje há crianças que nascem na pobreza?

- Como as pessoas celebram o Natal, hoje?
- O que é mais importante: o menino Jesus ou o Papai Noel?
- Qual é o assunto que a TV mais fala sobre o Natal?

> **Para reflexão do catequista**
>
> Deus se fez pessoa humana em Jesus. No Natal vivemos e celebramos de forma especial o mistério da presença de Deus na humanidade. Esse mistério, porém, deve nos iluminar todos os dias de nossa vida. É importante lembrar alguns aspectos centrais do nascimento de Jesus:
>
> Ele nasceu fora de casa, durante uma viagem dos pais, que estavam cumprindo a lei de um imperador.
>
> Como não havia lugar na cidade de Belém, eles tiveram de se abrigar em uma gruta e lá Jesus nasceu.
>
> Os primeiros que souberam do nascimento de Jesus foram os pastores, gente simples, humilde e trabalhadora.
>
> Diz o texto do Evangelho que Maria "guardava todas estas coisas e as meditava no silêncio do seu coração" (Lc, 2,19). Ninguém consegue compreender o significado do Natal se não dá lugar para Jesus em seu coração.
>
> Jesus, é um nome de origem hebraica que significa Deus salva. É uma palavra composta de duas outras: YASHAH (Ilesch) que significa SALVAR e YÁVE (Javé) que significa DEUS.

4. JESUS VIDA! FORTALECE A MINHA VONTADE PARA VIVER A TUA PALAVRA

- Uma multidão de anjos se juntou para cantar: "Glória a Deus nas alturas!". Nós também, diante de Jesus, cantamos "Glória a Deus e paz na terra".

Canto: *Glória a Deus e paz na terra* ou *Noite Feliz*.

- Vamos fazer orações espontâneas e a cada oração respondamos:

Obrigado Jesus por estar no meio de nós!

- Convidar o grupo para repetir:

    Jesus nasceu em Belém.

    Ele é o nosso Salvador.

    Jesus é o Deus conosco, o Emanuel.

    Jesus é Luz para o mundo.

    Jesus é nosso amigo e nosso irmão.

Canto: *Jesus nasceu lá em Belém e quer nascer em mim também!*

- O catequista conclui com esta oração:

    Jesus menino, tu és nosso amigo, obrigado por ter nascido criança como nós. Obrigado pela novidade do teu nascimento. Tu és um presente para nós. Ninguém poderia imaginar que chegarias como uma criança, nascida em um lugar pobre. Tu és o melhor presente para a nossa vida. És a nossa alegria, a nossa esperança, nossa paz e nossa felicidade. Unidos ao teu coração, queremos entrar no coração de cada criança e de cada pessoa do mundo inteiro. Amém.

- O catequista toma a imagem do menino Jesus e passa de mão em mão para que cada um a beije.

5. COMPROMISSO

- Conversar com os pais sobre a história do nascimento de Jesus.
- Procurar saber sobre alguma criança pobre, recém-nascida. Visitá-la como se visitasse Jesus, doando alguma coisa sua de estimação.
- Comprometer-se de, independente de onde estiverem na noite ou no dia de Natal, participar da celebração de Natal na igreja, com a família.
- Onde é possível, marcar uma data e um horário para reunir todos os grupos de catequese da "primeira etapa de Iniciação Cristã" com seus pais para uma celebração e confraternização de Natal. (Ver sugestão de celebração anexo 5, p. 136).

- Para esse encontro, cada família traz um prato de doces ou salgados para a confraternização após a celebração.

6. AVALIAÇÃO DO CATEQUISTA

Lembrar durante a semana de rezar e avaliar o encontro de catequese. Anotar as coisas boas e as dificuldades, dúvidas e inquietações. Preparar bem, com os outros catequistas, o encontro de celebração do Natal. Preparar a encenação sugerida sobre o texto do Evangelho de Lucas 2,1-20.

Primeira semana da Quaresma

11º Encontro

A festa do reencontro

― Preparando o encontro ―

Estar de volta é motivo de alegria para todos. Alegria porque voltamos a nos encontrar como amigos e amigas. Alegria porque, juntos, queremos continuar conhecendo mais um pouco de Jesus, sua vida e seu Evangelho; alegria porque formamos, como os discípulos, o grupo de Jesus.

Objetivo: Retomar a caminhada com alegria e determinação.

Preparação do ambiente: Dispor os catequizandos para que fiquem em círculo, preparar as imagens de Maria, de José e do Menino Jesus, Bíblia e vela.

1. MOMENTO DE ACOLHIDA E ORAÇÃO

- Dar as boas-vindas, expressar a alegria pelo reencontro depois de um período de férias e motivar cada um para um grande abraço.
- Desejar que cada um se sinta bem ao retomar os encontros de catequese.
- Deixar um tempo para cada um falar o que fez nas férias, onde foi passear, como passou o Natal e as festas de fim de ano.
- Recordar como foram os encontros no ano passado. Lembrar os assuntos que foram tratados em preparação ao Natal.
- Fazer a pergunta: O que já sabemos sobre Jesus? Deixar que, dois a dois, façam a memória e depois a partilha com todo o grupo.
- Motivar para os encontros, valorizando a retomada das atividades de Iniciação de fé Cristã.

Oração: *Agora que nos reencontramos e conversamos sobre nossas férias, vamos rezar e agradecer a Deus por tudo de bom que nos aconteceu e pedir que Deus nos acompanhe na continuação dos encontros para melhor conhecer Jesus. Em silêncio, façamos uma oração pessoal e depois vamos rezar juntos, partilhando nossas preces.*

- Deixar um tempo para a oração pessoal e depois ajudar o grupo a fazer preces espontâneas. Após cada prece, todos podem dizer: "Nós vos agradecemos, ó Senhor".

Canto: *Como é bom poder falar com Deus.*

Motivação: Uma das festividades, acontecida durante as férias, foi a festa da Sagrada Família de Nazaré. Através de alguns fatos que a Bíblia conta, pode-se conhecer melhor como viveu a família de Nazaré e alguns aspectos da infância de Jesus. As imagens de Jesus, Maria e José lembram o aconchego, a vivência familiar e o carinho.

- Motivar o grupo a contemplar, em silêncio, as imagens e depois convidar para o canto.

Canto: *Maria de Nazaré* (Pe. Zezinho).

2. JESUS VERDADE! AJUDA-ME A CONHECER A TUA PALAVRA

- Leitura do texto bíblico: Lucas 2,22-52.
- Juntos, retomar o texto contando a história lida na Bíblia. (Cada um fala o que lembra da história.)
- Vamos destacar os personagens que aparecem no texto e as diferentes ações que cada um realiza.
- Ver o local onde aconteceram as cenas.

3. JESUS CAMINHO! ABRE MEU CORAÇÃO PARA ACOLHER A TUA VONTADE

- Organizar dois grupos: um grupo encena a primeira história do Evangelho de Lucas 2, 22-37 e outro encena o Evangelho de Lucas 2,41-52.

   (Dar um tempo para se preparar, ensaiar e apresentar.)

- Depois da apresentação, ajudar o grupo a refletir a partir das seguintes perguntas:
   - O que essa história da infância de Jesus diz para nós?

- Como Maria e José sentiram essa experiência com seu filho Jesus?
- A quem podem ser comparados, hoje, os doutores da lei?

- Jesus foi com seus pais ao templo, a uma celebração religiosa, segundo costume da época. Como nós e nossos pais participamos da vida da comunidade e das celebrações?

Para reflexão do catequista

No oitavo dia do nascimento de Jesus, Maria e José o levaram para uma celebração religiosa chamada: "Celebração da Circuncisão". Nessa celebração, através de um rito religioso, o menino passa a ser considerado pessoa que pertence ao povo judeu. Jesus foi crescendo e comportando-se como um bom filho na Sagrada Família de Nazaré. Ele era carinhoso com seus pais, colaborava em todas as atividades da casa e da carpintaria, estudava com capricho e sabia cultivar amizades com os amiguinhos. Frequentava, com seus pais, o lugar de oração na sua comunidade, que se chamava Sinagoga. Em casa, lia e rezava as Escrituras Sagradas de seu povo.

Quando completou 12 anos, como mandavam as leis sagradas do seu povo, seus pais o levaram para o Templo que ficava na capital Jerusalém. Isso aconteceu durante a grande festa da Páscoa. Nessa festa, de todos os anos, o povo celebrava a libertação da escravidão do Egito. Antigamente, o povo judeu havia sido escravo dos faraós no Egito. Essa escravidão durou 400 anos. Jesus, deslumbrado com a cidade e a grandiosidade do Templo, se perdeu por lá, por vários dias, deixando os pais muito angustiados. Quando José e Maria o encontraram, ele estava no Templo conversando com os sacerdotes e doutores da Lei, pois se sentia bem em estar na casa de Deus, seu Pai. E ele ensinava que a Lei não era tudo.

4. JESUS VIDA! FORTALECE A MINHA VONTADE PARA VIVER A TUA PALAVRA

- Entregar para os catequizandos a letra de um canto sobre a vida de Jesus. Trabalhar de forma criativa com o grupo.

- O catequista ajuda o grupo a rezar:

Oração: *Jesus, querido, que bom te conhecer como quando era criança. Abençoa todas as crianças do mundo, para que cresçam em idade, sabedoria, graça, saúde, amizade e amor, como tu cresceste. Abençoa, Jesus, nossos pais e os pais de todas as crianças do mundo. Que eles tenham forças para o trabalho de cada dia, que nunca lhes falte emprego e sejam pessoas bondosas para com todos. Hoje, pedimos uma proteção especial e carinhosa às crianças e famílias que sofrem e para os pais que estão com problemas.*

Bênção: O catequista dá a bênção para cada catequizando, impondo as mãos. Pode dizer as seguintes palavras:

Invocando a Sagrada Família de Nazaré, Deus te conceda a saúde do corpo e do espírito, te faça crescer em idade, sabedoria e graça diante de Deus e diante de todas as pessoas. Amém.

Canto: *Deus nos abençoe, Deus nos dê a paz* (Zé Vicente).

5. COMPROMISSO

- Contar para os pais, colegas de aula, amigos e vizinhos a história da infância de Jesus.
- Escrever, no caderno, alguma coisa de como Jesus viveu com Maria e José, em Nazaré.
- Para o próximo encontro, trazer sugestões, por escrito, do que é necessário organizar para que o grupo possa ser melhor e mais bem organizado. Trazer uma foto ou a lembrança do próprio batismo.

6. AVALIAÇÃO DO CATEQUISTA

O catequista registra em seu caderno suas observações sobre esse encontro, de modo especial, a interação e a participação do grupo.

Quaresma: o caminho para a Páscoa

12º Encontro

— Preparando o encontro —

O caminho de Jesus leva-o à cruz, para depois chegar à ressurreição. Isso foi consequência da sua missão. O tempo litúrgico, que a Igreja chama quaresma, nos liga ao povo hebreu, no Primeiro Testamento e a Jesus, no Segundo Testamento. Ambos, porém, nos levam à libertação. A caminhada do povo hebreu pelo deserto, ao longo de 40 anos, tinha como objetivo sair da escravidão do Egito e alcançar a terra prometida que lhe daria dignidade e vida melhor. O caminho de Jesus, ao longo do Evangelho, vai em direção à Jerusalém. Depois de seus 40 dias no deserto, rezando e jejuando, Ele inicia sua missão de anunciar o que o Pai lhe havia confiado. Quaresma, portanto, é um tempo que nos convida a mudar de vida, a sermos melhores, a viver com firmeza o nosso batismo. É tempo de conversão. A quaresma é, também, um tempo de Campanha da Fraternidade, promovida pela Igreja no Brasil e que nos convida a sermos mais unidos, solidários e amigos dos que sofrem. A Campanha da Fraternidade acompanha o tempo litúrgico da quaresma e quer ser um convite para gestos e ações concretas de conversão, de mudança de vida em relação a aspectos da vida e da sociedade que estão sendo ameaçados.

Objetivo: Ajudar os catequizandos a compreender o sentido da quaresma e a importância desse tempo para a vida de cristãos.

Preparação do ambiente: Cruz, pote com cinzas, cartaz da Campanha da Fraternidade(CF) e outros elementos que expressam o tema da CF.

1. MOMENTO DE ACOLHIDA E ORAÇÃO

- A catequese que estamos fazendo é um tempo bom e um jeito novo que nos ajuda a assumir atitudes novas em relação à vida humana e cristã. Somos batizados, assumimos a mesma missão de Jesus e, portanto, queremos viver como ele viveu. Iniciamos nosso encontro olhando para a cruz de Jesus e vamos cantar juntos:

    Canto: *Eis o tempo de conversão.*

- De mãos dadas, vamos rezar a oração do Pai-Nosso.

2. JESUS VERDADE! AJUDA-ME A CONHECER A TUA PALAVRA

- Leitura do texto bíblico: Mateus 4,1-11.
- Fazer esta leitura com muita calma e repetir a leitura para que todos a entendam bem.
- Relembrar a história a partir destas perguntas:
    - Onde estava Jesus? O que estava fazendo?
    - Quem apareceu e começou a falar com Jesus?
    - Quais foram as três tentações de Jesus?
    - O que Jesus respondeu diante das tentações?

3. JESUS CAMINHO! ABRE MEU CORAÇÃO PARA ACOLHER A TUA VONTADE

- O que essa Palavra de Deus diz para nós, hoje?
- Jesus foi tentado pelo diabo, nós também temos tentações?
- Escrever no caderno quais são as tentações que sofremos.
- Como Jesus as venceu e o que nós fazemos para vencê-las?
- Quais são o tema e o lema da Campanha da Fraternidade deste ano?
    (Mostrar o cartaz.)
- Que tentações temos em relação a esse tema?

Para reflexão do catequista

Vamos entender três palavras que somos convidados a viver nesta quaresma: oração, jejum e esmola.

Oração: Rezar é estar unido com Jesus, é dialogar com Ele. A oração ajuda a pessoa e a comunidade a viver sempre melhor o batismo e a missão. A oração nos lembra que somos todos irmãos e por isso devemos viver como irmãos sem a tentação de ser mais e melhor que os outros. A oração nos faz enxergar como Jesus nos quer.

Jejum: O jejum não significa só deixar de comer em algum momento do dia. Mais do que isso, significa viver aquilo que Jesus disse quando anunciou sua missão: dividir o pão com o pobre, libertar os que estão aprisionados, acabar com a opressão e tudo aquilo que estraga a vida das pessoas e a natureza. Jejum para nós é também não esbanjar água, não produzir muito lixo etc.

Esmola: A esmola deve estar ligada também ao gesto que nos pede a Campanha da Fraternidade. Olhando as necessidades dos outros, somos chamados a ajudá-los. É colocar-se a serviço dos outros e dividir o que tenho com quem necessita mais do que eu.

4. JESUS VIDA! FORTALECE A MINHA VONTADE PARA VIVER A TUA PALAVRA

- O que a Palavra de Deus que escutamos hoje, me faz dizer a Ele?
- Convidar os catequizandos a se colocarem diante da cruz e das cinzas e fazer uma oração em silêncio.
- **Rito das cinzas:** O catequista toma as cinzas que estão no meio do grupo e traça, na testa de cada um, uma cruz dizendo: "Acredite no Evangelho e que Jesus te ajude a ser cada vez melhor".
- Rezar o Salmo 67 (dois a dois): Deus tenha piedade de nós e nos abençoe.

Canto: *O povo de Deus no deserto andava...*

5. COMPROMISSO

- Explicar aos pais o que significa: oração, jejum e esmola.
- Convidar os pais a organizar com os vizinhos e participar dos grupos de famílias, em preparação à Páscoa.
- Organizar a celebração da misericórdia – anexo 6 – durante a quaresma. Escolher o dia e o horário para esta celebração.

6. AVALIAÇÃO DO CATEQUISTA

Durante a semana, lembrar de rezar e avaliar o encontro de catequese. Anotar as coisas boas e as dificuldades, dúvidas e inquietações. Preparar bem o próximo encontro e prever uma encenação.

Semana Santa: o caminho de Jesus

13º Encontro

― Preparando o encontro ―

No Domingo de Ramos, lembramos a entrada solene de Jesus na cidade de Jerusalém, para aí realizar sua Páscoa. Jesus é reconhecido como o Cristo, o Messias, aquele que deverá realizar todas as promessas previstas pelos profetas. Ele é reconhecido publicamente como aquele que vai fazer justiça aos pequenos, a quem terá profundo amor e muita misericórdia. Essa celebração é como uma profissão pública da fé em Cristo. Com essa celebração, iniciamos a Semana Santa e nela celebramos o mistério central de nossa fé: a morte e a ressurreição de Jesus. É o ponto mais alto e centralizador do ano litúrgico. São três grandes momentos, chamados tríduo pascal: A Ceia do Senhor, na Quinta-Feira Santa; a morte do Senhor, na Sexta-Feira Santa e a Aleluia Pascal, no Sábado Santo. Esse tríduo nos prepara para a solene celebração da Páscoa do Senhor, no Domingo da Ressurreição.

Objetivo: Introduzir os catequizandos na compreensão e vivência da Semana Santa e especialmente do tríduo pascal.

Preparação do ambiente: ramos verdes, um catequizando caracterizado de Jesus.

1. MOMENTO DE ACOLHIDA E ORAÇÃO
- Acolher todos e iniciar com o sinal da cruz cantado.

2. JESUS VERDADE! AJUDA-ME A CONHECER A TUA PALAVRA

- Leitura do texto bíblico: Mateus 21,1-11.
- O que diz o texto?
- Identificar as palavras, os gestos, as ações de Jesus e do povo.
- Quem estava lá presente? Quem aclamava Jesus, o Rei?

3. JESUS CAMINHO! ABRE MEU CORAÇÃO PARA ACOLHER A TUA VONTADE

- O que essa Palavra diz para nós, hoje?
- Porque o povo aclamava Jesus como Messias, o Salvador?
- Qual é a parte central desse acontecimento?
- Quem é aclamado em nossa sociedade, hoje? E quem aclama?
- Hoje, em nossa sociedade, quem são as pessoas consideradas importantes? O que fazem para o povo?

Para reflexão do catequista

Nesta passagem da Bíblia, podemos perceber que há um confronto direto entre Jesus e as autoridades que controlavam o templo de Jerusalém. Jesus pede aos discípulos um jumentinho, para entrar em Jerusalém. As autoridades daquele tempo só usavam cavalos. Jesus, com esse gesto, quer mostrar que Ele não é um rei igual aos outros, que vencem pela força dos exércitos. Jesus é um rei que serve às pessoas. O jumentinho era um animal de carga e só servia para isso. Assim, o fato de Jesus entrar montado nesse animal, em Jerusalém, que era a corte dos judeus, significa que ele quer ser servidor do povo, um homem simples, humilde e de paz. Jesus mostra que não aprova uma sociedade injusta que aí está. Por outro lado, as autoridades que trabalhavam no templo (o Sumo Sacerdote, os chefes dos sacerdotes, os levitas etc.) se apresentavam como gente correta, mas, na verdade, complicavam muito a vida do povo. O povo devia seguir muitas leis injustas e tinham que obedecer a aqueles que nele mandavam. Quando Jesus entra na cidade de Jerusalém, montado no jumentinho,

> o povo o aclama como "rei verdadeiro". Todos gritam "Hosana", que quer dizer "Viva a Deus", e gritam mais forte ainda: "Bendito o Filho de Davi", pois Jesus era da descendência de Davi, que foi o grande rei do Primeiro Testamento. O povo que aclama Jesus eram aqueles que conheceram e conviveram com Jesus.

4. JESUS VIDA! FORTALECE A MINHA VONTADE PARA VIVER A TUA PALAVRA

- Vamos representar essa entrada de Jesus em Jerusalém.

(Um catequizando faz o papel de Jesus e todos caminham acenando com os ramos. Durante a caminhada, canta-se.)

Canto: *Hosana hey, Hosana há.*

- Convidar para o silêncio e para uma oração pessoal.
- Fazer preces e orações espontâneas.
- Convidar para concluir este momento rezando juntos.

Oração: *Ó Jesus, amigo dos pobres e dos pequenos, nós queremos te aclamar, cantando "Hosana". Tu és o nosso Rei, que nos ama, que nos acolhe; caminhas junto às crianças e aos pobres, aos simples, aos homens e mulheres de bem. Ajuda-nos a sermos sempre teus amigos e a fazer tudo o que é bom, conforme teus preceitos. Amém.*

5. COMPROMISSO

- Combinar um compromisso do grupo todo para viver bem a Semana Santa.
- Convidar os pais para juntos irem à igreja e participar das celebrações da Semana Santa.
- Participar da coleta da Campanha da Fraternidade, renunciando a alguma coisa para destinar esse valor ao objetivo da Campanha.

6. AVALIAÇÃO DO CATEQUISTA

Lembrar de rezar e avaliar o encontro de catequese. Anotar as coisas boas e as dificuldades, dúvidas e inquietações. Preparar bem o próximo encontro. Prever a encenação do próximo encontro.

14º Encontro

Estar à mesa com Jesus: serviço do lava-pés

Preparando o encontro

Jesus senta à mesa com seus discípulos e faz com eles a refeição de despedida. Lava os pés dos discípulos e ensina o mandamento do amor e do serviço fraterno. Precisamos aprender o que significa deixar-nos lavar os pés por Jesus e receber dele o grande mandamento: "Amai-vos uns aos outros como eu vos amei." Este dia é, de fato, a celebração da "entrega": Judas entrega Jesus aos seus inimigos; Jesus se entrega a nós, na Eucaristia, como alimento e força para seguirmos no caminho do bem. Esta celebração nos convida a uma avaliação de nossa vida, de nossas atitudes, de nosso modo de pensar. É momento de entrar em comunhão de vida com Jesus e com os irmãos. Ceia é Eucaristia, amor fraterno, serviço, ação de graças.

Objetivo: Ajudar os catequizandos a entenderem o gesto de Jesus e seu amor para com a humanidade.

Preparação do ambiente: Sentados ao redor de uma mesa com uma toalha branca, jarra com água, toalha, pão, bacia.

1. MOMENTO DE ACOLHIDA E ORAÇÃO

- Chegando a hora de sua paixão e morte, Jesus celebra um encontro de despedida com seus amigos. Ao redor da mesa, observando os símbolos, convide-os a fazer silêncio em seus corações e a contemplar Jesus e os apóstolos realizando a ceia. (Deixar tempo de silêncio.)

- Falar as frases que seguem com calma e voz baixa:

    Senhor, abençoa nosso encontro e ensina-nos a celebrar a vida.
    Jesus, queremos sentir em nossa vida a tua presença.
    Dá-nos unidade e harmonia! Dá-nos amizade e generosidade!
    Senhor, ensina-nos a celebrar, todos os dias, a ceia da vida e do amor.

Canto: *Onde reina o amor, fraterno amor.*

2. JESUS VERDADE! AJUDA-ME A CONHECER A TUA PALAVRA

- Leitura do texto bíblico: João 13, 1-16.
- Cada um lê o texto novamente, sozinho.
- Identificar os gestos e símbolos usados por Jesus nessa refeição.
- Localizar os personagens que estão em cena e dizer o que fazem.

3. JESUS CAMINHO! ABRE MEU CORAÇÃO PARA ACOLHER A TUA VONTADE

- Encenar o lava-pés. O catequista faz o narrador enquanto os personagens vão encenando.
- O que esse texto diz para mim? Qual a lição que nos dá?
- Como podemos viver o ensinamento de Jesus?

Para reflexão do catequista

Jesus reúne o seu grupo de amigos para uma refeição, um jantar de despedida, que é a chamada Ceia Pascal. Fez isso antes de passar pela cruz e morrer. Quando estava na mesa com seus amigos, Ele se levanta, toma uma toalha, uma jarra e bacia e começa a lavar os pés dos seus amigos. Pedro não queria que Jesus lavasse seus pés, pois não estava entendendo o gesto de Jesus e muito menos o seu significado. Não se deixar lavar os pés equivaleria a deixar de ser seu discípulo. Lavar os pés, no tempo de Jesus, era o trabalho dos escravos diante de seus senhores.

O gesto de Jesus expressa a sua prática cotidiana de servir. No fim, Jesus olha profundamente para seus discípulos e diz: "Vocês entenderam o que eu fiz? Pois então vocês devem fazer a mesma coisa: lavar os pés uns dos outros. Quem quer ser maior que os outros seja o servidor de todos" (Jo 13,14). O gesto de Jesus é ensinar que a autoridade só pode ser entendida como serviço aos outros.

> A traição de Judas se dá na atitude de não querer servir, mas dominar e pensar em seus próprios interesses.
>
> Na comunidade cristã existem diferentes serviços que concorrem para o bem de todos. O Evangelho de Jesus Cristo nos ensina que todos se beneficiam ao servir e serem servidos pelos outros. O serviço não é somente atender a uma necessidade, mas também demonstrar amor a nossos irmãos e nossas irmãs.
>
> Jesus passou um longo tempo ensinando e fazendo o bem, agora, na ceia, cria um modo de permanecer para sempre com seus discípulos: transforma o pão e o vinho em seu corpo e seu sangue, presença viva e real de Jesus. A isso, nós chamamos Eucaristia.

4. JESUS VIDA! FORTALECE A MINHA VONTADE PARA VIVER A TUA PALAVRA

- No silêncio do nosso coração, vamos fazer uma oração e escrevê-la pedindo que Jesus nos ensine a servir.
- Diante do grande gesto de amor de Jesus e do seu ensinamento, vamos partilhar a oração que escrevemos. Após cada oração, todos repetem: *Jesus, ensina-nos a servir.*
- O catequista conclui a oração, abençoando o pão e depois partilha entre todos, lembrando o gesto de Jesus. Lembrar também que esse é um símbolo da Eucaristia que, mais adiante, no próximo ano, todos poderão participar.

5. COMPROMISSO

- Anotar no seu caderno o que lembra do encontro de hoje.
- Trazer para o próximo encontro, algum fato ou realidade, fotos e figuras que conhecemos que mostrem a injustiça social.
- Assumir o compromisso de participar da celebração da comunidade na Quinta-Feira Santa, junto com a família.

6. AVALIAÇÃO DO CATEQUISTA

Lembrar de rezar e avaliar o encontro de catequese. Anotar as coisas boas e as dificuldades, dúvidas e inquietações. Preparar bem o próximo encontro.

Jesus sofre perseguição até ser morto

15º Encontro

Preparando o encontro

Com o batismo, Jesus dá início à sua missão. O cumprimento dessa missão custou-lhe a vida. O poder, a ganância e a vaidade cegam as pessoas. Jesus, porém, não desistiu de sua obrigação. Com clareza cumpre sua missão até o fim. Foi para isso que o Pai o enviou. Ao longo de sua vida, colocou-se, claramente, contra o que era injusto, era amigo de todos, recuperou a saúde de muitos doentes, devolveu a vida aos mortos. Não aceitava as leis injustas do seu tempo e sempre defendeu as pessoas: isso foi criando raiva, inveja e dificuldade nas autoridades da época. Por isso queriam acabar com Ele.

Objetivo: Reconhecer, no sofrimento de Jesus, os sofrimentos causados pela injustiça social.

Preparação do ambiente: Uma cruz com um pano roxo, figuras que mostrem os sofrimentos provocados pela violência, fome, pobreza, pelas drogas, pelo abandono, pela exclusão etc.

1. MOMENTO DE ACOLHIDA E ORAÇÃO

- Prever uma acolhida carinhosa.

Canto: Entregar a letra do canto *Seu nome é Jesus Cristo* a cada catequizando.

- Orientar para conversar sobre o significado da letra do canto, as imagens e a realidade presentes nele.

75

- Questionar: Existem sinais de morte de cruz, de sofrimento em nossas famílias, na comunidade e na sociedade de hoje? Quais são?

2. JESUS VERDADE! AJUDA-ME A CONHECER A TUA PALAVRA

- Leitura do texto bíblico: Lucas 22,54–23,27.
- Narrar o texto de modo motivador para que chegue ao coração dos catequizandos. Todos podem acompanhar na sua Bíblia.
- Conversar dois a dois, destacando as partes mais fortes que chamaram a atenção.
- Pedir aos catequizandos que caminhem em círculo, olhando as figuras. Cada um para na frente da figura que mais lhe chamou a atenção. Numa mesma figura, podem parar mais de um catequizando.
- Dar algum tempo para que reflitam sobre a figura.
- Partilhar o que refletiram.

3. JESUS CAMINHO! ABRE MEU CORAÇÃO PARA ACOLHER A TUA VONTADE

- O catequista vai conduzindo a reflexão dos catequizandos para que relacionem a letra do canto às figuras escolhidas.
- Lançar a pergunta pedindo que os catequizandos apenas pensem e não respondam, deixando um tempo de silêncio e depois fazer a segunda pergunta:
    - O que esses sofrimentos retratados nas figuras têm a ver com o sofrimento de Jesus?
    - A perseguição e tortura sofridas por Jesus continuam presentes no mundo de hoje. Onde as observamos?

Para reflexão do catequista

A morte de Jesus deve ser vista sob duas perspectivas complementares:

a) Como consequência de sua vida, sua opção pelo Reino, sendo fiel até o fim. O processo contra Jesus foi religioso e político, por ser rei e Messias. É acusado de blasfêmia e agitação política.

b) Mas essa morte, que lhe foi imposta de maneira injusta, ele a aceitou livremente. "Minha vida ninguém a tira, eu a dou livremente" (Jo 10, 18) Assim, pelo amor com que ela foi vivida por Jesus, trouxe a nossa salvação.

    A condenação de Jesus mostra que no mundo, no tempo de Jesus e na nossa sociedade, existe injustiça. Pedro trai Jesus! Nega conhecê-lo. O galo que canta representa a consciência de Pedro, que percebe ter traído Jesus. Condenam Jesus como se fosse bandido ou algum homem público escandaloso. Jesus é entregue às autoridades para condená-lo. As autoridades dos romanos e dos judeus fazem acusações falsas contra Jesus. Não admitem que seja reconhecido como Filho de Deus e anunciador do Reino de Deus. No Evangelho de Lucas, pode-se ver que o julgamento de Jesus é tão vil que é feito como espetáculo de gozação e sem responsabilidade. O segundo aspecto é que as autoridades comprometem o povo no julgamento (Lc 23,13) E esse povo, que tinha sido ajudado por Jesus, ajuda a condená-lo (Lc 23,18-25).

4. JESUS VIDA! FORTALECE A MINHA VONTADE PARA VIVER A TUA PALAVRA

- Convidar para que formem uma cruz, no chão, com as figuras que mais chamaram a atenção ao grupo.
- Dar tempo para contemplá-la em silêncio e ver nela o sofrimento de Jesus Cristo.

Canto: *Um certo galileu* (Pe. Zezinho).

- Distribuir a cópia do canto para cada catequizando.
- Fazer a pergunta: Por que Jesus foi pregado na cruz?
- O catequista vai colocando, ao redor da cruz já preparada desde o início do encontro, as frases:
    - Jesus morreu para nos salvar.
    - A cruz de Jesus é fonte de amor.
    - O amor é mais forte que a violência e o mal.

- Jesus morreu para plantar a semente de um mundo melhor.
- Jesus conta conosco para continuar o seu projeto.
- O projeto de Jesus é a justiça, a verdade, o amor, a paz em nós e no mundo.

- Em seguida, oferecer a cruz para ser beijada, enquanto canta-se:

    Canto: *Vitória, tu reinarás!* (Ou outro apropriado)

- Rezar juntos:

    Querido Jesus, por amor a cada um de nós e ao mundo todo, aceitaste ser preso e torturado. Obrigado por tanto amor! Que eu aprenda a fazer o bem aos outros. Hoje, te peço pelas muitas pessoas que estão sofrendo: doentes, abandonados, torturados, mas sobretudo, pelos que estão sofrendo injustamente, caluniados, condenados por um mal que não fizeram. Eu te peço um mundo de amor e de paz para todos. Amém.

5. COMPROMISSO

- Combinar com os catequizandos um momento para irem à igreja rezar e contemplar os quadros da Via-Sacra, se possível.
- A partir do tema trabalhado neste encontro, orientar para que cada catequizando escreva no seu caderno o que entendeu do encontro.
- Solicitar que observem onde a cruz de Jesus está presente nas ruas, no bairro, na comunidade.
- Assumir o compromisso de participar na comunidade, com a família, de algum momento comunitário na Sexta-Feira Santa.

6 AVALIAÇÃO DO CATEQUISTA

Lembrar de rezar e avaliar o encontro de catequese. Anotar as coisas boas e as dificuldades, dúvidas e inquietações. Preparar bem o próximo encontro. Prever a encenação da ressurreição.

Jesus ressuscitou!

16º Encontro

Preparando o encontro

> Ressuscitar não é viver de novo. É muito mais do que isso: é entrar na eternidade da vida verdadeira. É passar pela vida terrena, passar pela morte corporal e ir ao encontro de Deus, onde está a felicidade. Jesus ressuscita para nos abrir, definitivamente, esse caminho que leva à intimidade com Deus. Superando todas as limitações humanas e terrenas, e a pior delas, que é a morte, Jesus, na sua ressurreição, nos tornou herdeiros do Reino de Deus.

Objetivo: Compreender o sentido da Páscoa, passagem das trevas à luz nova que é Jesus.

Preparação do ambiente: Vela grande enfeitada.

1. MOMENTO DE ACOLHIDA E ORAÇÃO

- Convidar um catequizando a acender a vela enquanto canta-se:

  Canto: *Ó luz do Senhor, que vem sobre a terra.*

- Comentar: celebramos com alegria a Páscoa de Jesus. Celebrar a Páscoa é ressuscitar como Jesus, vencer a morte, a escuridão, o medo e o pecado. A ressurreição de Jesus é a nossa alegria.

- Iniciemos este nosso encontro estendendo a mão na direção da vela acesa que lembra Jesus ressuscitado e cantemos juntos:

Canto: *Já ressuscitou, aleluia! Cristo Jesus ei-lo vivo entre nós* ou *O Ressuscitado vive entre nós, amém! Aleluia!*

2. JESUS VERDADE! AJUDA-ME A CONHECER A TUA PALAVRA

- Leitura do texto bíblico: João 20,1-10.
- Fazer o grupo recontar a narração do Evangelho.
- Destacar os personagens e como cada um age.
- Identificar o que mais chamou a nossa atenção.

Para reflexão do catequista

Jesus ressuscitou, está vivo no meio de nós. O túmulo vazio, conforme vimos no texto, nos dá essa certeza. Jesus não está morto, mas vive. Acreditar na ressurreição é muito importante para a nossa fé de cristãos batizados. Isso nos mostra que Jesus não se submeteu à morte, mas a venceu com sua vida. Aqueles que amam Jesus acreditam na sua ressurreição.

Só assim podemos dizer que estamos vivendo a Páscoa, pois ela é passagem da morte para a vida, da escuridão para a luz.

Quem participou da celebração do sábado à noite (Sábado Santo, Vigília Pascal) percebeu que iniciamos a celebração na escuridão, ao redor do fogo, que foi abençoado. Desse fogo, acendemos a grande vela e as nossas velas, que iluminaram tudo ao nosso redor. É um gesto que nos ensina que a luz de Jesus ressuscitado deve brilhar sempre e iluminar a nossa vida. A ressurreição de Jesus nos ensina a mudar todos os gestos de morte e de dor em gestos de vida e de alegria, que vêm da ressurreição de Jesus. Celebrar a Páscoa é acreditar na vida nova, trazida por Jesus na ressurreição.

A ressurreição de Jesus foi um raio de luz para os discípulos desanimados e frustrados, lhes devolveu a esperança. Crer na ressurreição é receber o Espírito Santo e ter coragem de dizer: "É preciso obedecer antes a Deus do que aos homens" (At 5,29), é sentir a mão de Jesus ressuscitado, que nas horas difíceis, nos diz: "Não tenham medo! Eu estive morto, mas eis que agora estou vivo para sempre" (Ap 1,17ss).

3. JESUS CAMINHO! ABRE MEU CORAÇÃO PARA ACOLHER A TUA VONTADE

- Encenar o fato da ressurreição.
- O que a Palavra de Deus, a ressurreição de Jesus diz para nós?
- Fazer uma lista com os catequizandos dos sinais de vida, de ressurreição que acontecem entre nós e comentar a importância de cada uma delas. (fazer uma lista)
- Quando nós somos anunciadores de Jesus ressuscitado?

4. JESUS VIDA! FORTALECE A MINHA VONTADE PARA VIVER A TUA PALAVRA

- O catequista anuncia com entusiasmo e convida o grupo a repetir: *Jesus ressuscitou e a vida venceu a morte!*

Canto: *Já ressuscitou! Aleluia! Cristo Jesus, ei-lo vivo entre nós!*

- Orientar para que diante da vela acesa, símbolo de Jesus ressuscitado, estendam a mão direita e renovem a fé que receberam no batismo, dizendo que acreditam na ressurreição de Jesus, repetindo três vezes: *Creio Senhor, mas aumentai minha fé.*

Oração: *Ó Deus, que pela vossa ressurreição devolvestes a alegria ao mundo, nós vos pedimos, concedei a todos nós a graça de vivermos alegres e como irmãos. Por Cristo Nosso Senhor, amém.*

Canto: *Cristo ressuscitou, aleluia, venceu a morte com amor.*
Cristo ressuscitou, aleluia, venceu a morte com amor. Aleluia!

5. COMPROMISSO

- Em casa, escreva no caderno: O que significa ressuscitar? (Ler para o grupo no próximo encontro.)
- Ler na Bíblia o texto do encontro de hoje com a família e responder:
  - Jesus venceu a morte e caminha conosco. Quais são os sinais de morte do nosso tempo e como podemos vencê-los? Como manifestamos que caminhamos com Jesus?
- Visitar alguma pessoa doente da comunidade, partilhando com ela a alegria da ressurreição de Jesus.

6. AVALIAÇÃO DO CATEQUISTA

Lembrar de rezar e avaliar o encontro de catequese. Anotar as coisas boas e as dificuldades, dúvidas e inquietações. Preparar bem o próximo encontro.

17º Encontro

Fazer o bem é viver a ressurreição

Preparando o encontro

Estamos vivendo a alegria da Páscoa, da ressurreição, tempo de vida nova. Lembramos que Jesus venceu a morte e nos trouxe a vida nova. Nós experimentamos essa alegria, vivemos a ressurreição quando fazemos o bem a todos.

Nós vivemos numa sociedade construída com muito egoísmo. É uma sociedade que deixa de lado muitos e acolhe somente quem produz muito e serve aos interesses daqueles que mandam no mundo. Essa mentalidade está dentro de todas as pessoas. As atitudes e o ensinamento de Jesus são necessários no mundo de hoje para que haja mais fraternidade entre as pessoas. A vida digna existe onde há ações que defendem a vida, que vão ao encontro dos mais necessitados.

Objetivo: Despertar no catequizando gestos de vida digna e de ressurreição.

Preparação do ambiente: Vela grande, Bíblia, um quadro de Jesus ressuscitado.

---

1. MOMENTO DE ACOLHIDA E ORAÇÃO

- Iniciar com o sinal da cruz cantado.
- Entregar para cada catequizando a letra do canto *Jesus sempre estava a caminhar* (Pe. Zezinho).
- Conversar sobre o que fala a letra do canto. Conhecemos pessoas em nossa comunidade que fazem como Jesus, que têm ações e gestos de solidariedade?
- Fazer a pergunta: O que é viver a ressurreição em nosso dia a dia?

2. JESUS VERDADE! AJUDA-ME A CONHECER A TUA PALAVRA

- Leitura do texto bíblico: Marcos 10,46-53.
- Identificar o que diz a Palavra de Deus, os personagens e o que cada um faz.
- Qual é a atitude de Jesus?

3. JESUS CAMINHO! ABRE MEU CORAÇÃO PARA ACOLHER A TUA VONTADE

- O que essa Palavra diz para nós?
- O que os fatos da vida que falamos acima nos dizem e como estão unidos ao que Jesus fazia?
- Que relação existe entre a Palavra de Deus e as realidades que vivemos hoje?
- Como Jesus percebe as necessidades das pessoas?
- Como Jesus atende às pessoas?
- Que atitudes Jesus ensina para mim?

Para reflexão do catequista

Jesus passava pelas ruas e lugares onde o povo andava e vivia, percebia suas necessidades, seu sofrimento e fazia o bem a todos. Essa passagem do Evangelho que lemos nos mostra um gesto concreto, um sinal que Ele dá preferência aos necessitados e repreende aqueles que queriam impedir que Jesus se aproximasse do cego.

Jesus para, escuta e atende ao seu grito, ao seu pedido: "Mestre que eu veja de novo." (Mc 10,31b). Jesus não cura somente a cegueira dos olhos, mas a cegueira do coração e ele, curado, começa a seguir Jesus, tornando-se discípulo dele. O contato com o povo, levou Jesus a estar cada vez mais com os pobres da sociedade. Os Evangelhos sempre mostram a preferência de Jesus pelos pobres e doentes, pelos simples, os que não são ambiciosos e gananciosos. Falam, também, das duras críticas que Ele fazia aos governantes, aos ricos cruéis, aos poderosos, que não cuidavam, mas exploravam o povo. Podemos perceber isso no episódio do cego de Jericó.

4. JESUS VIDA! FORTALECE A MINHA VONTADE PARA VIVER A TUA PALAVRA

- O que essa história nos faz dizer a Deus?
- Cada um, em silêncio, escreva uma oração e depois reze em voz alta para todo o grupo.
- Rezar juntos o Salmo 27: "O Senhor é minha luz e minha salvação".
- O catequista conclui com a seguinte oração:

Que maravilha, Jesus, a tua presença libertadora no meio dos pobres e dos simples. Tomara que todos os pobres de hoje te encontrem e passem a se apoiar mutuamente, na dor, na fome, na luta pela justiça. Tua presença, Jesus, é amor que cura, dá vida, socorre, consola e liberta. Hoje eu te peço, Jesus, a graça de ser uma pessoa que, a teu exemplo, cuida das pessoas que precisam de ajuda. Cura-me da cegueira do coração, da morte que vem do egoísmo e ajuda-me a fazer os outros felizes. Amém.

5. COMPROMISSO

- Que ação podemos assumir, como grupo, para melhor viver o ensinamento de Jesus que apreendemos no encontro de hoje?
- Ler o texto bíblico que foi refletido no grupo, com sua família.

6. AVALIAÇÃO DO CATEQUISTA

Ao longo da semana, avaliar o encontro, anotar os pontos que foram fortes, como se sentiu, se conseguiu atingir os objetivos, o que alcançou e as dificuldades sentidas.

De Jesus ressuscitado nasce a Igreja

18º Encontro

Preparando o encontro

A morte de Jesus deixou os discípulos perdidos e, até certo ponto, confusos e incrédulos. Mas Jesus ressuscitado vem lhes trazer a paz interior e a força para seguirem em frente na missão. Eles, apesar de todo o sofrimento, se mantiveram unidos na oração e na leitura da Palavra de Deus. Foram sentindo que Jesus, não mais presente entre eles, agora lhes dava disposição e ânimo novo na vida. Eles iniciaram um grupo que assumiu a sua missão. Isso os fez ser Igreja de Jesus no meio do mundo para levar aos povos o Evangelho. Na força do ressuscitado, eles se sentiram enviados.

Objetivo: Ajudar os catequizandos a perceberem os verdadeiros valores da nossa Igreja, a fim de se tornarem discípulos e missionários de Jesus.

Preparação do ambiente: Bíblia, vela, figuras de pessoas construindo, tiras de papel com as seguintes palavras: oração, testemunho, partilha, solidariedade, amor, justiça, perdão.

---

1. MOMENTO DE ACOLHIDA E ORAÇÃO

- Hoje, vamos conhecer um pouco mais sobre nossa Igreja, iniciada por Jesus Cristo. Nós somos membros da Igreja e formamos a grande família. Vamos nos acolher mutuamente cantando.

  Canto: *Bem-vinda, minha amiga e minha irmã...*

- Acender a vela. Convidar para um momento de oração pessoal, agradecendo a Deus pelo grupo que está novamente reunido em nome de Jesus ressuscitado.

85

- Em nosso encontro, queremos entender quem é a Igreja que nasce de Jesus ressuscitado e entender como podemos ser fiéis a Jesus e segui-lo como discípulos e discípulas dele.

Canto: *Ele está no meio de nós.*

- Vamos retomar nossos compromissos assumidos no último encontro:
  - Quem os realizou?
  - Como aconteceram?

  (Deixar tempo para a partilha).

2. JESUS VERDADE! AJUDA-ME A CONHECER A TUA PALAVRA

- Leitura do texto bíblico: Marcos 16,9-18.
- Repetir o texto com as ideias de todos.
- Identificar as aparições de Jesus.
- Dar importância aos versículos 15 a 18, que falam da missão da Igreja (Debater).

3. JESUS CAMINHO! ABRE MEU CORAÇÃO PARA ACOLHER A TUA VONTADE

- O que o texto diz para cada um de nós?
- O texto fala alguma coisa para nosso grupo?
- Quando iniciou a Igreja?
- Que trabalhos existem em nossa comunidade que mostram que somos a Igreja de Jesus?
- Sabemos como está organizada a nossa comunidade, que serviços e lideranças existem?
- Quem deve assumir a missão de evangelizar?
- O que poderia ser melhor em nossa comunidade-igreja?

> **Para reflexão do catequista**
>
> Este texto nos fala das aparições de Jesus e da missão da Igreja que continua a missão de Jesus. Jesus, antes de ir para o Pai, confia a missão aos discípulos, dizendo: "Vão pelo mundo inteiro e anunciem a Boa

Nova para toda a humanidade..." (Cf. Mc 16,15). Todos são chamados a participar de uma nova comunidade de Jesus. Através do batismo, a pessoa se compromete a viver de acordo com o que Jesus ensinou. Ele está vivo e sempre presente no meio da comunidade-igreja, dando-lhe força e coragem. O objetivo da Igreja é o mesmo de Jesus: anunciar a Boa Nova a todos. "Como o Pai me enviou assim eu envio vocês"(Jo 20,16). Para os primeiros cristãos, a comunidade-igreja era o lugar sagrado onde os cristãos alimentavam a fé. Era lugar de acolhida e respeito. A Igreja é o povo de Deus formado por todos os batizados, é a comunidade viva, é a comunhão no mesmo Espírito de Jesus. Para a Igreja caminhar com Jesus, precisa de organização, de pessoas e de recursos que estejam a serviço da pregação do Evangelho e da caridade. Os serviços da comunidade-igreja dinamizam e renovam o espírito de amor e união, em nome de Jesus. Podemos servir à comunidade como catequista, equipe de liturgia, dízimo, pastoral do pão...

Dinâmica: Conhecendo a comunidade

Com antecedência, relacione nas etiquetas, com caneta hidrocor, os nomes dos grupos ou movimentos pastorais de sua paróquia (Grupo de jovens, pastoral do batismo, promoção humana etc.). Você deverá afixar nas costas de cada participante uma etiqueta, de modo que o catequizando não veja a etiqueta afixada em suas costas, somente a de seus amigos. A brincadeira prossegue da seguinte forma: cada participante tentará adivinhar qual é a pastoral que está escrita na etiqueta afixada em suas costas. Para isso, ele deve questionar os outros colegas, como, por exemplo: "A minha pastoral é formada por jovens ou adultos? Eles se reúnem em fins de semana ou durante a semana? Eles fazem trabalho em benefício dos necessitados? Eles cantam em suas reuniões?" . Os outros participantes poderão responder apenas "sim", "não". O catequizando que descobrir o nome da pastoral irá até o catequista, que deverá retirar a etiqueta de suas costas e afixá-la no peito. A brincadeira termina quando todos descobrem os nomes dos movimentos pastorais e os apresentam para o catequista.

- Fazer os catequizandos recordarem quais são os serviços existentes na comunidade.
- Convidá-lo para que, com as palavras que estão no centro da sala, construam uma frase que possa ajudar a viver melhor nosso compromisso de membros da Igreja.

4. JESUS VIDA! FORTALECE A MINHA VONTADE PARA VIVER A TUA PALAVRA

- O que a Palavra de Deus e o encontro de hoje me fazem dizer a Deus? Vamos escrever uma oração a partir das palavras e frases que temos diante de nós.
- Ao redor da Bíblia e da vela, reza-se:

Oração: *Jesus, ajuda-nos a amar aqueles que não são amados. Que sejamos capazes de ajudar os outros a viver e a repartir com amor os dons que possuímos. Que todas as riquezas do mundo possam ser repartidas, para que todas as pessoas tenham o necessário para viver com dignidade e sejam felizes. Abençoa, Jesus, a nossa família, a Igreja inteira que é a grande família de Deus. Amém.*

Canto: *Eu sou Igreja, tu és Igreja, nós somos Igreja do Senhor...*

5. COMPROMISSO

- Orientar a escrever no seu caderno o nome das pessoas que prestam serviços à sua comunidade ou ao bairro.
- Para o próximo encontro, trazer uma foto ou lembranças de batismo.

6. AVALIAÇÃO DO CATEQUISTA

Ao longo da semana, avaliar o encontro, anotar os pontos que foram fortes, como se sentiu, se conseguiu atingir os objetivos, o que alcançou e as dificuldades sentidas.

Batismo de Jesus

19º Encontro

Preparando o encontro

O tema do nosso encontro de hoje é o batismo de Jesus. Jesus também foi batizado, como muitos do seu tempo que acolheram a pregação de João Batista. Esse João é aquele que lembramos nos encontros passados que era o "precursor de Jesus", que preparou os caminhos do Senhor. Jesus, ao ser batizado por João no rio Jordão, vive a solidariedade com o seu povo, junto com os pobres que esperavam por justiça em razão da opressão exercida pelo Império Romano. Iluminados pelo batismo de Jesus, vamos retomar o nosso batismo e o compromisso que nossos pais e padrinhos assumiram em nosso nome.

Objetivo: Com o batismo de Jesus, buscar a renovação dos compromissos batismais.

Preparação do ambiente: Bacia ou jarra com água, vela, Bíblia, colocar em destaque as fotos e/ou a lembrança do batismo que os catequizandos trouxeram.

1. MOMENTO DE ACOLHIDA E ORAÇÃO

- Iniciar o encontro com o sinal que lembra o batismo cristão.
- Motivar o canto do sinal da cruz.

Canto: *Agora é tempo de ser Igreja.*

- Convidar os catequizandos a dizer o nome dos seus pais e padrinhos e, depois que cada um tiver dito, o grupo reza: "Que Deus olhe por eles e os abençoe."

- Retomar o compromisso assumido no último encontro:
- Cada um conte como realizou o primeiro e o segundo compromisso.
- Refletir com o grupo as responsabilidades que devem ser assumidas para melhorar o grupo.

2. JESUS VERDADE! AJUDA-ME A CONHECER A TUA PALAVRA

- Leitura do texto bíblico: Mateus 3,13-17. O catequista lê uma ou mais vezes para que todos entendam bem o texto.
- O catequista ajuda o grupo a:
  - conversar sobre as pessoas que aparecem no texto;
  - identificar as imagens, os gestos e as palavras;
  - destacar a expressão, a frase ou palavra que mais chamou a sua atenção.
- Para lembrar: de quem é a voz que diz: "Este é o meu filho muito amado, escutai-o"(cf. Mt 3,17)?

Canto: *Jesus, Jesus de Nazaré.*

3. JESUS CAMINHO! ABRE MEU CORAÇÃO PARA ACOLHER A TUA VONTADE

- O que esta Palavra e gestos de Jesus dizem para cada um de nós?
- Quais ensinamentos e lições ela nos dá?
- Motivar uma conversa sobre o que sabem do seu batismo: Onde cada um foi batizado, qual o padre ou ministro que celebrou o batizado? Qual é a data do batismo?
- O catequista faz uma ligação da água usada no batismo, com a vida das pessoas e do planeta, a qual é gerada pela água. Assim, a água da graça de Deus, pelo batismo, gera em nós uma vida nova.

Para reflexão do catequista

Este texto mostra que João Batista batizou Jesus. Ele o batiza mostrando ao povo e às futuras comunidades cristãs que essa pessoa que seria batizada era Jesus, o enviado de Deus, comprometido com a justiça. Jesus é o filho amado do Pai: "Este é o meu Filho amado, de quem eu me agrado" (Mt 3,17). Cada um de nós, pelo nosso batismo, somos filhos amados de Deus. O texto fala que no batismo de Jesus o Espírito de Deus desceu do céu, como uma pomba, sobre Ele. Esse é o sinal da paz de Deus que Jesus vem trazer. Jesus, na sua pregação, vai ensinar que a justiça e a fraternidade trarão a paz às pessoas e ao mundo todo. O batismo é o sinal de que ele é Filho de Deus, comprometido com a salvação de todos. Batizamos derramando água na cabeça e dizendo: "Eu te batizo em nome do Pai, do Filho e do Espírito Santo." O batismo cristão nos faz morrer para o mal, para o pecado, para a injustiça e, assim, nos tornarmos, pela graça de Deus, novas criaturas, construtoras da paz.

4. JESUS VIDA! FORTALECE A MINHA VONTADE PARA VIVER A TUA PALAVRA

- Fazer esta parte ao redor da bacia ou jarra com água e dos outros símbolos do batismo.
- Convidar a silenciar o coração, sentir que somos filhos amados e queridos de Deus e a fazer uma oração pessoal: O que queremos dizer a Jesus hoje? (Escrever a oração no caderno.)

Oração: *Jesus, tu amas muito a cada um de nós, pois nós somos filhos amados de Deus. Diante de nós temos a água e a vela, que são símbolos do batismo. Fomos batizados com água, em nome do Pai, do Filho e do Espírito Santo. Nossos pais e padrinhos se comprometeram a manter viva a chama da tua luz em nosso coração. Ajuda-nos a sempre acreditar em ti e a seguir teus ensinamentos. Amém.*

- O catequista convida para que cada um fale o que mais gosta ou sabe de Jesus. Ao falar, cada um se aproxima da água, toca nela, traça o sinal da cruz e depois coloca a mão na vela. Após cada colocação, todos dizem ou cantam: "Creio Senhor, mas aumenta minha fé".

Canto: *Sim, eu quero a luz de Deus.*

5. COMPROMISSO

- Organizar o grupo para participar, na comunidade, de uma celebração onde acontecem os batizados. No fim da celebração, reunir os catequizandos e comentar que foi assim que foram batizados e que dessa forma fazem parte da comunidade onde devem viver, amadurecendo a fé e aprofundando a experiência da caridade fraterna.
- Procurar na comunidade a equipe da pastoral do batismo para que explique os gestos e símbolos usados no batismo (água, óleo, luz, veste branca).
- Comentar com o grupo que o assunto do próximo encontro será o que Jesus fez logo após o seu batismo e qual foi sua missão.

6. AVALIÇÃO DO CATEQUISTA

Lembrar, durante a semana, de rezar e avaliar o encontro de catequese. Anotar as coisas boas e as dificuldades, dúvidas e inquietações. Preparar bem o próximo encontro, prevendo a encenação indicada.

Missão de Jesus

20º Encontro

Preparando o encontro

Todos nós temos uma missão na vida e no mundo. Jesus, com o seu batismo, anuncia qual será sua missão. Ele manifesta a seus discípulos que sua missão não será de honras, nem de sucesso, mas de serviço e solidariedade com os pobres, sofredores, marginalizados e excluídos da sociedade. Convida-os a segui-lo, na mesma missão e diz: "Quem quiser vir após mim, renuncie a si mesmo, tome a sua cruz e me siga." (cf. Mt 16,24). Assim como nós temos planos, projetos para a vida, Jesus também tinha o seu projeto: organizar o Reino de Deus e sua Justiça. Era o projeto do Pai. A Bíblia nos mostra qual era esse projeto.

Objetivo: Ajudar o catequizando a compreender que ser batizado é assumir uma missão de transformação das relações entre as pessoas, como fez Jesus.

Preparação do ambiente: Colocar em destaque, no centro da sala, a Palavra de Deus, uma vela, um pote com água, ao redor colocar recortes de jornais com imagens que expressam a solidariedade das pessoas e ações que buscam vida e justiça.

1. MOMENTO DE ACOLHIDA E ORAÇÃO

Canto: *Onde reina o amor.*

- Acender a vela e convidar os catequizandos para que, em silêncio, olhem os símbolos e as figuras que estão no centro da sala. Dizer alguma realidade ou situação que isso nos lembra.

    (Ajudar os catequizandos a falar dessas situações).

- No encontro passado, aprendemos que fomos batizados em nome da Santíssima Trindade e que o sinal da cruz é o sinal que nos identifica como cristãos. Agora, coloquemos nossa mão na água que está à nossa frente e tracemos sobre nós esse sinal, que nos compromete com Jesus e com sua missão. (Deixar tempo para cada um fazer este gesto.)

2. JESUS VERDADE! AJUDA-ME A CONHECER A TUA PALAVRA

- Leitura do texto bíblico: Lucas 4,16-21. (Quem lê, que o faça com calma e bem pausadamente.)
- Pedir para cada um ler novamente, sozinho, e escrever no caderno a frase de que mais gostou.
- Fazer repetir versículo que cada um escreveu.

3. JESUS CAMINHO! ABRE MEU CORAÇÃO PARA ACOLHER A TUA VONTADE

- Encenar essa passagem do Evangelho. (Ver quais são os personagens e quem faz o papel de Jesus e outros.)
- Depois da encenação, ajudar o grupo a conversar e responder as seguintes perguntas:
    - Para quem Jesus foi enviado?
    - Com que pessoas e grupos Jesus realiza sua missão?
    - O que isso nos ensina?
    - Qual é a nossa missão, hoje, aqui nesta realidade que vivemos?

Para reflexão do catequista

Este texto mostra que depois de batizado, Jesus se apresenta em público como o enviado de Deus. Ele se apresenta na Sinagoga, que era o lugar de oração e estudo bíblico da comunidade dos judeus. Ali todos se conheciam. Jesus era muito respeitado e conhecido, mas não era, ainda, conhecido como o Salvador, o Filho de Deus. Ele se apresenta como o esperado e já previsto pelos profetas (versículos 18-19) e esclareceu sua missão e compromisso com a vida justa, ensinando a mudar o que andava mal nas pessoas e na sociedade.

A atitude de anunciar o caminho do bem e mudar as coisas erradas ficou conhecida como "Boa Nova" ou "Boa Notícia", que quer dizer Evangelho. Ele praticava a justiça, fazendo ações boas e tirando das pessoas todo tipo de opressão, ou seja, tudo aquilo que dificulta a pessoa de ser feliz e não se sentir bem consigo e com os outros, a entender bem o mundo (curar os cegos), ajudar os pobres a conseguir o que precisam (libertar os pobres), ensinar a não ficar calado diante das injustiças (libertar os cativos) são atitudes libertadoras do Evangelho.

4. JESUS VIDA! FORTALECE A MINHA VONTADE PARA VIVER A TUA PALAVRA

- A Palavra de Deus nos faz um convite para vivermos o nosso batismo assim como Jesus viveu. Por isso, agora, cada um é convidado, no silêncio do seu coração, a dizer para Jesus o que pensa fazer de bem para os outros. Assim, cada um estará vivendo o seu batismo. (Escrever no caderno qual é o seu projeto para ser fiel ao seu batismo.)
- Jesus rezava muito e por isso foi fiel na sua missão: Vamos nós, também, de mãos dadas, rezar, cantando a Oração do Pai-Nosso. Essa oração nos lembra o Reino de Deus, que já está no meio de nós, Reino de paz, de justiça e de verdade.
- Orientar os catequizandos, dizendo: Vamos colocar nossa mão no ombro de quem está ao nosso lado, ficando abraçados. Com isso, queremos simbolizar que, juntos, seremos fortes para viver o projeto de Jesus e aquele projeto que cada um fez para ser fiel ao batismo. E assim, abraçados, cantemos:

Canto: *Pelo batismo recebi uma missão.*

Oração: *Que maravilha, Jesus, a tua presença libertadora no meio dos pobres e dos simples. Tomara que todos os pobres de hoje te encontrem e passem a se apoiar uns aos outros na dor, na fome, na luta por justiça. Tua presença, Jesus, é amor que cura, dá vida, socorre, consola, liberta. Hoje eu te peço, Jesus, a graça de ser uma pessoa que a teu exemplo, cuida das pessoas que precisam de ajuda. Cura toda cegueira do coração, tira de mim o egoísmo e ajuda-me a fazer os outros felizes. Amém.*

5. COMPROMISSO

- Ler, em família, o mesmo texto do Evangelho que foi lido e refletido neste encontro.
- Contar aos familiares qual era o projeto de Jesus. Qual foi a sua missão.
- Escolher, como família, algo bem concreto que possa fazer para ser fiel ao seu batismo e à missão de Jesus.

6. AVALIAÇÃO DO CATEQUISTA

Lembrar, durante a semana, de rezar e avaliar o encontro de catequese. Anotar as coisas boas e as dificuldades, dúvidas e inquietações. Preparar bem o próximo encontro.

Jesus envia o Espírito Santo aos apóstolos

21º Encontro

— Preparando o encontro

Jesus havia prometido que não deixaria os discípulos abandonados e órfãos. Disse: "Eu estarei convosco todos os dias, até o final dos tempos." (Mt 28,20). Disse, ainda: "Eu enviarei um advogado que vos esclarecerá tudo o que eu vos disse. Este é o Espírito da Verdade" (Jo 14, 25-26). O Espírito Santo, no Pentecostes (50 dias depois da Páscoa) vem sobre os discípulos que estavam reunidos com Maria, a Mãe de Jesus e os enche de coragem. Quem está com Jesus, morto e ressuscitado, tem a força do Espírito Santo e seguirá com ânimo renovado e verdadeira convicção, no cumprimento da missão.

Objetivo: Compreender quem é o Espírito Santo prometido por Jesus.

Preparação do ambiente: Organizar o ambiente com panos vermelhos, chamas de fogo cortadas com papel vermelho, tiras de papel, canetinhas, vela grande.

1. MOMENTO DE ACOLHIDA E ORAÇÃO

- Inicia-se com o sinal da cruz. Enquanto cada catequizando acende a sua vela na vela grande, canta-se:

  Canto: *Vem, Espírito Santo, vem!*

2. JESUS VERDADE! AJUDA-ME A CONHECER A TUA PALAVRA

- Leitura do texto bíblico: Atos dos Apóstolos 2,1-8.
- Reler o texto e destacar os personagens.

- Onde acontece o fato? O que estavam fazendo os apóstolos?
- Com que imagem aparece o Espírito Santo neste texto?
- Observar a vela acesa, sentindo o seu calor.
- Apagar a vela.

3. JESUS CAMINHO! ABRE MEU CORAÇÃO PARA ACOLHER A TUA VONTADE

- O que diz para nós esse fato dos Atos dos Apóstolos?
- O que esse relato tem a ver com Jesus?
- O que tem a ver comigo?
- Permanecer uns instantes em silêncio, fechar os olhos e imaginar que está junto com Maria e os apóstolos, vivendo essa cena.

> **Para reflexão do catequista**
>
> Quando Jesus se despediu de seus apóstolos, lhes deu a seguinte recomendação: "Não saiam da cidade de Jerusalém enquanto eu não enviar a vocês o Espírito Santo, que o Pai e eu enviaremos!" (Atos 1,1-8).
>
> Cinquenta dias depois da ressurreição de Jesus, os apóstolos, com Maria, estavam reunidos em uma casa, orando e refletindo. O Espírito Santo se manifestou a eles na forma de um forte vento que chamou a atenção de toda a população de Jerusalém. A casa onde estavam os apóstolos atraiu muita gente, que diante dela se congregou.
>
> Os apóstolos sentiram dentro de si uma grande alegria e passaram a compreender melhor quem era Jesus e qual era sua missão. Também compreenderam o que deviam fazer dali em diante, conforme Jesus lhes tinha pedido (At 1-4).
>
> Pedro, o coordenador do grupo, cheio de entusiasmo e sabedoria, fez um importante discurso relembrando a todos quem era Jesus, o que havia feito, a maneira como havia vivido e que Ele era o Filho de Deus. Ele deu destaque, em sua fala, à ressurreição de Jesus. Algumas pessoas, muito tocadas, depois de ouvirem tudo aquilo,

> pediram: "O que devemos fazer para seguir Jesus?" (At, 2,37). Pedro respondeu: "Arrependam-se de seus pecados e sejam batizadas, como Jesus mandou!" (At 2,38). Naquele dia, três mil pessoas passaram a participar da comunidade de Jesus, com os discípulos e apóstolos. E todos os convertidos começaram a organizar suas vidas e a maneira de viver conforme os ensinamentos de Jesus, que os apóstolos lhes repassavam (At 2,37-41).

- Escrever, nas chamas ou no cartaz, os dons do Espírito Santo.

4. JESUS VIDA! FORTALECE A MINHA VONTADE PARA VIVER A TUA PALAVRA

- Novamente, ao redor da vela grande e demais símbolos, os catequizandos acendem suas velas enquanto cantam:

   Canto: *A nós descei divina luz, a nós descei divina luz.*

- Cada um faz uma prece dizendo sobre quem quer invocar a presença e a força do Espírito Santo. Após cada prece, todos cantam:

   Canto: *Vem! Espírito Santo, Vem! Vem iluminar.*

- Para concluir as preces, rezar juntos a seguinte oração:

Oração: O catequista reza as frases, e o grupo repete:

Obrigado Jesus,/ por ter enviado aos apóstolos o Espírito Santo./ Continua a enviar o mesmo Espírito/ sobre nós,/ sobre nossas famílias,/ sobre o nosso grupo de catequese/ e sobre a nossa comunidade.

Todos juntos: *Vinde, Espírito Santo, enchei o coração dos vossos filhos e filhas e acendei neles o fogo do vosso amor. Enviai o vosso Espírito e tudo será criado e renovareis a face da Terra.*

- Motivar o abraço da paz, dizendo um ao outro: "Que o Espírito de Jesus esteja sempre em você!"

5. COMPROMISSO

- Desenhar no caderno um símbolo do Espírito Santo e escrever uma frase relacionada com o tema refletido.
- Participar da missa no dia de Pentecostes.
- Ler Atos dos Apóstolos 2,1-8 com a família.

6. AVALIAÇÃO DO CATEQUISTA

Ao longo da semana, avaliar o encontro, anotar os pontos que foram fortes, como se sentiu. Procurar perceber se os objetivos foram atingidos, o que alcançou e quais as dificuldades sentidas.

Jesus ressuscitado ensina a partilhar

22º Encontro

— Preparando o encontro —

Há um gesto que é característico do cristão: a partilha. Será nessa atitude de vida que o mundo reconhecerá que somos seguidores de Jesus e que temos como missão construir a fraternidade e a justiça entre as pessoas. Quem reparte sua vida com os outros se mostra ao mundo discípulo da verdade. Repartir a vida significa ter tempo para os outros, valorizar e dar a mão às pessoas, distribuir os bens e lutar por um mundo de igualdade, onde todos tenham vida e vida em abundância.

Objetivo: Aprender de Jesus o sentido e a importância da partilha no dia a dia, como forma de seguir Jesus ressuscitado.

Preparação do ambiente: Bandeja com pão, Bíblia, vela.

1. MOMENTO DE ACOLHIDA E ORAÇÃO

- Fazer uma acolhida alegre para que todos possam sentir-se bem.
- Acender a vela, símbolo do ressuscitado e cantar:

  Canto: *O ressuscitado vive entre nós, amém. Aleluia!*

- Vamos lembrar os compromissos assumidos no último encontro: O que conseguimos fazer e como nos sentimos?

2. JESUS VERDADE! AJUDA-ME A CONHECER A TUA PALAVRA

- Leitura do texto bíblico: João 6,1-15.

- O catequista lê com voz clara de forma atraente, viva e dinâmica. Depois de ler o Evangelho, o catequista faz o grupo contar a história com as próprias palavras.
- Cada um anote no seu caderno o que chamou a sua atenção: pessoas, ações, gestos, palavras...

> **Para reflexão do catequista**
>
> Este texto do Evangelho nos apresenta um Jesus humano, que sente e que vê a realidade do povo. Somente com gestos de partilha, de comunhão e de solidariedade faz com que todos se sintam bem. Nesse gesto de Jesus está expressa a missão da comunidade cristã: ser sinal do amor generoso de Deus. Dessa forma, garante a todos a dignidade de vida e sua sobrevivência. A segurança de uma vida digna não está no muito que poucos têm e reservam para si, mas no pouco de cada um, que é repartido entre todos. A dignidade da pessoa não está no poder de uma pessoa que decide a vida dos outros, mas no serviço de cada um que organiza a comunidade, tendo em vista o bem de todos (Bíblia Pastoral Jo 6,1-15).

3. JESUS CAMINHO! ABRE MEU CORAÇÃO PARA ACOLHER A TUA VONTADE

- O que Jesus nos ensina com essa história?
- O que Ele nos desafia a sermos e a fazermos como seus seguidores?
- Conversar sobre:
- Como é feito o pão?
- O que é necessário para fazer o pão?
- Para que serve o pão?
- O que significa o pão na vida das pessoas?
- O que Jesus quer que o pão represente na vida dos batizados?
- Todas as pessoas têm alimento, vestuário, educação?

Canto: *Os cristãos tinham tudo em comum.*

4. JESUS VIDA! FORTALECE A MINHA VONTADE PARA VIVER A TUA PALAVRA

- Convidar cada um a olhar para o pão na bandeja e fazer uma oração, em silêncio.
- Abençoar o pão, distribuir, fazendo a partilha e, quando todos tiverem o pão nas mãos, rezar o Pai-Nosso, bem devagar, pensado nas palavras.
- Explicar para comer o pão, em silêncio, meditando sobre o gesto de Jesus e seu jeito de organizar o povo em grupo.
- Orientar para fazer preces espontâneas: A cada prece, rezar: O pão nosso de cada dia nos dai hoje.

Canto: *Pão em todas as mesas* (Zé Vicente).

5. COMPROMISSO

- Que gesto concreto nós podemos fazer para viver a partilha entre nós, aqui no grupo e com as pessoas da nossa convivência? (Deixar falar e juntos escolher algum gesto para o grupo e outro para ser realizado durante a semana.)
- Com criatividade, desenhar no caderno gestos de partilha, solidariedade, trazendo presente a nossa realidade.
- Procurar ajudar a não desperdiçar alimentos.

6. AVALIAÇÃO DO CATEQUISTA

Ao longo da semana, avaliar o encontro, anotar os pontos que foram fortes e como se sentiu. Procurar perceber se os objetivos foram atingidos, o que alcançou e quais as dificuldades sentidas.

23º Encontro

Jesus nos pede um coração bom

Preparando o encontro

Para falar ao povo simples, Jesus fazia comparações através de historinhas, que a Bíblia chama parábolas. E para dizer que devemos ter o coração bem preparado para receber os ensinamentos de Jesus, Ele contou a história do semeador. Fala da boa semente que precisa cair no coração das pessoas, como deve cair em terreno bom. Só assim vai produzir frutos bons e verdadeiros.

Objetivo: Conduzir os catequizandos a acolher a Palavra de Deus com um coração aberto e pronto para vivê-la.

Preparação do ambiente: Fazer um caminho com pedras, galhos, espinhos e terra boa, conforme fala o Evangelho. Ter uma vasilha com sementes no meio do caminho, a Bíblia e uma vela acesa.

1. MOMENTO DE ACOLHIDA E ORAÇÃO

- Acolher cada catequizando com alegria, e entregar a cada um algumas sementes.
- Iniciar o encontro cantando:

   Canto: *Indo e vindo trevas e luz.*

- Fazer o sinal da cruz e rezar, de mãos dadas, a oração do Pai-Nosso.
- Vamos recordar os compromissos assumidos no encontro passado.

2. JESUS VERDADE! AJUDA-ME A CONHECER A TUA PALAVRA

- Leitura do texto bíblico: Lucas 8,5-15.
- Alguns catequizandos leem o texto do Evangelho, cada um lê uma parte do texto, conforme fala onde caem as sementes.
- Destacar os personagens que aparecem no texto.
- Identificar os lugares onde a semente caiu.

3. JESUS CAMINHO! ABRE MEU CORAÇÃO PARA ACOLHER A TUA VONTADE

- Questioná-los: O que essa Palavra diz para nós, catequizandos?
- Convidar a olhar para os símbolos: o que eles nos falam?
- Motivar a semear as sementes que têm: cada um coloca sementes em algum ponto do caminho que está preparado. Enquanto isto, orientar para cantar.
- Vamos representar essa cena em nosso caderno, com uma história em quadrinhos, apresentando a sequência dos fatos.

Canto: *Põe a semente na terra.*

Para reflexão do catequista

Os apóstolos perguntaram a Jesus o que, na verdade, ele queria ensinar ao povo com aquela história do semeador. E Jesus comentou: "A semente significa o ensinamento de Deus, a Palavra de Deus. Os terrenos são vários e isso quer representar o coração, o terreno da vida das pessoas. Assim há coração duro, que não deixa o ensinamento entrar e ali nascer. O coração de pedra, escuta a mensagem de Deus, mas é superficial e a Palavra de Deus ali não cria raízes. O coração de espinhos está cheio de maus costumes, de maldade, e não dá lugar para a Palavra de Deus. O coração bom, bem disposto, acolhe bem a Palavra de Deus, que então nasce, cresce e dá muitos frutos na vida daquela pessoa e dos irmãos." Jesus trouxe as sementes do reino que se espalharam pelo mundo, mas a resistência das pessoas, a dificuldade de abrir o coração e a mente juntamente com as estruturas

> fechadas impedem que a justiça do Reino de Deus se estabeleça entre as pessoas. São muitos os que procuram sufocar as sementes do Reino antes mesmo que elas possam germinar.

- O que significa, em nossa vida, a terra boa, o terreno cheio de espinhos e o terreno pedregoso?
- Por que Jesus compara a Palavra de Deus à semente?

4. JESUS VIDA! FORTALECE A MINHA VONTADE PARA VIVER A TUA PALAVRA

- Ao redor dos símbolos, cantar ou recitar em forma de jogral. "A semente verdadeira" (letra: Celina W.; Música: Frei Fabreti – CD: A Boa Notícia) ou outro similar.
- O catequista deverá preparar cópias da música ou do jogral para os catequizandos.
- No final deste momento, o catequista toma a Bíblia na mão e convida cada um a se aproximar e beijá-la.
- Convidar os catequizandos para rezar juntos a oração que está em seus cadernos:

Oração: *Agradeço-te, Jesus, por me ensinares como devo ter meu coração, sempre bem preparado para acolher a semente da tua Palavra. Com amor e atenção, quero escutar o que me tens a dizer. Amém!*

5. COMPROMISSO

- Ler em casa, junto com a família, essa história que Jesus contou. (Lc 8,5-15)

6. AVALIAÇÃO DO CATEQUISTA

Ao longo da semana, avaliar o encontro, anotar os pontos que foram fortes e como se sentiu. Procurar perceber se os objetivos foram atingidos, o que alcançou e quais as dificuldades sentidas.

O maior mandamento

24º Encontro

― Preparando o encontro ―

Todos os mandamentos da Lei de Deus podem ser reunidos e resumidos em apenas dois: amar a Deus e ao próximo. Esses são os grandes e principais mandamentos. Todos os demais dependem desses dois. Todos os dias devemos nos fazer essas duas perguntas: Como devo viver para, verdadeiramente, amar a Deus acima de tudo? E quem é o próximo daquele que mais precisa?

Objetivo: Compreender o maior mandamento cristão – amar a Deus sobre todas as coisas e ao próximo como a nós mesmos.

Preparação do ambiente: Bíblia, vela.

1. MOMENTO DE ACOLHIDA E ORAÇÃO

- Motivar os catequizandos a traçar o sinal da cruz na testa dos colegas, dizendo: "o amor de Deus esteja sempre presente em sua vida"!

Canto: *Onde reina o amor, fraterno amor.*

Para reflexão do catequista

Os mandamentos são orientações de Deus, são deveres para com Deus e para com as pessoas. Eles estão na origem, no início da organização do povo de Deus e mostram de maneira bem concreta qual era a vontade de Deus para o povo. Eles indicam o caminho da felicidade, um caminho seguro e certo para o povo se organizar como um povo irmão e poder ser no mundo um sinal de Deus. Os

107

> dez mandamentos são como uma constituição que indica o caminho. Eles ensinam como deve ser o relacionamento entre as pessoas, entre os grupos e as comunidades para que não percam a liberdade e não vivam desorganizados. Esses mandamentos são grandes valores que ensinam a construir um mundo de irmãos e a mostrar o verdadeiro rosto de Deus.

- Para aprofundar este tema, sugere-se ler Carlos Mesters, "Os dez mandamentos: ferramenta da comunidade".

2. JESUS VERDADE! AJUDA-ME A CONHECER A TUA PALAVRA

- Leitura do texto bíblico: Lucas 10,25-37.
- O catequista lê o texto com calma, de tal forma que ajude os catequizandos a saborearem o que estão lendo.
- Um dos catequizandos conta a história e os demais acompanham.
- Garantir a fidelidade ao texto.
- Destacar os gestos, os personagens, as ações que cada um realiza.

3. JESUS CAMINHO! ABRE MEU CORAÇÃO PARA ACOLHER A TUA VONTADE

- Provocar uma conversa com os catequizandos a partir das seguintes questões:
    - O que nos ensina essa Palavra de Deus?
    - O que significa fraterno amor?
    - Por que dizemos que Deus está onde existe amor?
    - Fazer uma encenação do texto, organizando bem os personagens.
    - Dividir em dois grupos para responder às seguintes perguntas:
    - Hoje, como reagimos diante das pessoas caídas nas ruas, calçadas...?
    - Qual é a mensagem dessa parábola para nós?
- Depois de um tempo, reunir novamente os catequizandos para partilhar o que cada grupo conversou.

Canto: *Entre nós está e não o conhecemos.*

Para reflexão do catequista

Os judeus tinham muitas leis para observar, mas um fariseu pergunta a Jesus qual dentre tantas leis é a mais importante. A mais importante é aquela que orienta o espírito de todas as demais leis. Ele deve amar a Deus com o coração, alma e mente e, também, amar o próximo como a si mesmo. São dois lados da mesma moeda: Deus e o próximo. Não se ama a Deus sem amar aos outros e nem se ama aos outros sem amar a Deus. Assim vemos que não podemos mandar ou decidir como queremos. Precisamos nos deixar orientar pela verdade de Deus. Quando amamos os outros como a nós mesmos, desejamos aos outros aquilo que queremos para nós: felicidade, realização, dignidade.

É comum as pessoas hoje pensarem: "Isto é bom para mim, me agrada, eu quero! O que é ruim fica para os outros!". Ex.: Gosto de picolé, mas a embalagem e o palito eu jogo no chão, na rua. O picolé é bom para mim. A embalagem que eu não coloco no lixo seletivo e jogo na rua, é ruim para os outros. O que Deus nos pede é bom para todos.

4. JESUS VIDA! FORTALECE A MINHA VONTADE PARA VIVER A TUA PALAVRA

- Orientar para que, em silêncio, cada um, lembrando o texto bíblico, escreva uma oração a partir do que o Evangelho e a realidade de hoje fazem rezar.
- Depois de um tempo, cada um lê a oração que escreveu, em voz alta.

Canto: *Eu vos dou um novo mandamento*

Que vos ameis uns aos outros

Assim como eu vos amei

Diz o Senhor.

- Dar as mãos e rezar o Pai-Nosso.
- Rezar juntos o Salmo 112.
- Concluir com o abraço da paz.

5. COMPROMISSO

- A partir do que foi conversado no encontro, ajudar o grupo a escolher um compromisso que deve ser assumido por todos. Escrever o compromisso no caderno, para poder vivê-lo ao longo da semana.
- Motivar para que nesta semana cuidem mais da separação do lixo, em casa e na escola, e ajudem os colegas a fazer o mesmo.

6. AVALIAÇÃO DO CATEQUISTA

Ao longo da semana, avaliar o encontro, anotar os pontos que foram fortes, como se sentiu. Procurar perceber se os objetivos foram atingidos, o que alcançou e quais as dificuldades sentidas.

Minha vida de oração: Pai-Nosso

25º Encontro

― Preparando o encontro ―

A oração que Jesus nos ensinou a rezar nos diz que Deus é nosso Pai e é assim que Jesus quer que chamemos a Deus. Essa oração nos coloca na condição de irmãos e irmãs, pertencentes à mesma família de Deus, da qual Ele é nosso Pai. Somos em Jesus, irmãos uns dos outros, e o próprio Jesus se faz nosso irmão. A oração do Pai-Nosso nos lembra que é em Deus que colocamos todas as nossas esperanças e é junto com as pessoas que crescemos, na fraternidade e na construção do Reino de Deus.

Objetivo: Despertar no catequizando o amor e o valor da oração, especialmente a oração do Pai-Nosso.

Preparação do ambiente: Bíblia, flores, vela, pão.

1. MOMENTO DE ACOLHIDA E ORAÇÃO

- O catequista acolhe cada catequizando com um abraço e depois, juntos, cantam: "Sejam bem-vindos" ou outro canto que o grupo conhece.
- O catequista revela aos catequizandos o assunto do encontro, mais ou menos com estas palavras: hoje vamos refletir sobre a oração que o próprio Jesus nos ensinou e vamos partilhar a nossa experiência pessoal de oração. Já conhecemos essa oração, já a rezamos diversas vezes, mas hoje queremos entender o que ela significa, qual o sentido que tem cada uma das suas palavras. Vamos, pois, conversar sobre estas perguntas:
    - Qual a importância da oração na nossa vida?
    - Como eu faço a minha oração?

- Quando eu rezo?
- Por que eu rezo?

2. JESUS VERDADE! AJUDA-ME A CONHECER A TUA PALAVRA

- Leitura do texto bíblico: Mateus 6,7-15.
- Reler novamente o texto para que fique bem gravado na memória. Fazer com que cada versículo da oração do Pai-Nosso seja lido por um catequizando.
- Quais são os sete pedidos que aparecem nesta oração do Pai-Nosso?

Para reflexão do catequista

A oração do Pai-Nosso sintetiza o conteúdo de nossas orações. Ele revela, também, o que é rezar: acolher-se como filho e filha, reconhecer Deus como o único sentido da vida, pedir, agradecer, perdoar. É importante saber que Jesus, quando nos ensina a rezar o Pai-Nosso, nos convida a rezá-lo no plural (e não no singular "Pai meu"). Nenhuma invocação do Pai-Nosso é no singular. Isso significa que Jesus ensina uma oração não somente com o olhar para Deus, mas também com uma abertura profunda aos irmãos. Com isso, Ele quer nos ensinar que devemos cultivar uma forte e íntima relação com Deus-Pai, mas, ao mesmo tempo, desenvolver uma sincera e forte união e solidariedade que não exclua ninguém. Afinal, Deus é Pai de todos! A grande vontade do Pai é que o cristão sempre pratique o amor. Mas, às vezes, por não conhecermos o plano de Deus, pela pouca experiência que fazemos de sua bondade e pelo uso errado da liberdade, acabamos tomando atitudes que pouco têm a ver com a vontade de Deus. Por isso, Jesus sabendo de nossas fraquezas, inseriu no Pai-Nosso também o pedido de perdão ao Pai, a quem ofendemos, mostrando-nos a necessidade da reconciliação. Com isso ele nos ensina que perdoar é exigência a quem deseja libertar-se e quer viver na harmonia e na paz dos filhos e filhas de Deus. Perdoar é, sem dúvida, um dos gestos mais difíceis para o ser humano. No entanto, quem se

> coloca no seguimento de Cristo deve aprender a perdoar e a aceitar o perdão. Na oração do Pai-Nosso, um dos pedidos importantes é que a justiça e o amor se manifestam através do Reino. O Reino do Pai começa a se realizar na história, através de Jesus que, na força do Espírito, é o grande anunciador do Reino do Pai.

3. JESUS CAMINHO! ABRE MEU CORAÇÃO PARA ACOLHER A TUA VONTADE

- Para ajudar o grupo a refletir e atualizar a oração do Pai-Nosso, questionar:
  - Quando rezamos o Pai-Nosso?
  - Que sentido tem essa oração para nós?
- Vamos perceber quais são os pedidos que fazemos a Deus nesta oração.
- Copiar e ilustrar no caderno um pedido do Pai-Nosso.

4. JESUS VIDA! FORTALECE A MINHA VONTADE PARA VIVER A TUA PALAVRA

- Rezar juntos, devagar, de mãos dadas, cada parte da oração do Pai-Nosso e depois dizer o que mais chamou a atenção.

5. COMPROMISSO

- Rezar em casa, com a família, uma vez ao dia, todos juntos, a oração do Pai-Nosso.
- Convidar a família a participar da celebração da entrega da oração do Senhor. (Ver o dia e o horário para a celebração, conforme sugestão nas páginas seguintes.)

6. AVALIAÇÃO DO CATEQUISTA

Ao longo da semana, avaliar o encontro, anotar os pontos que foram fortes e como se sentiu. Procurar perceber se os objetivos foram atingidos, o que alcançou e quais as dificuldades sentidas.

Celebração da entrega do Pai-Nosso

Em uma celebração da comunidade, faça-se a entrega do símbolo do Pai-Nosso, a oração do Senhor. É bom que se reserve um espaço próprio na Igreja para os catequizandos e os pais.

1. Algumas orientações:

- O catequista combine com o padre e com a equipe de liturgia essa celebração.
- Os pais e os catequizandos poderão entrar em procissão no início da celebração.
- Devem ser acolhidos com breves palavras, destacando sua presença e motivando sobre a importância do caminho que estão fazendo na catequese.
- Preparar uma folha de papel-ofício enrolada, amarrada com uma fitinha, contendo escrita, com letra bem legível, a oração do Pai-Nosso. Outra forma poderá ser preparar um cartão com a oração.

2. Acolhida e sinal da cruz

- O que coordena a celebração – padre, ministro ou catequista – diz estas ou outras palavras semelhantes:

Queridos catequizandos, vocês estão no caminho de educação da fé, no desejo de conhecer sempre mais a pessoa de Jesus. Vocês foram chamados para serem amigos e amigas de Jesus e para viverem os mesmos sentimentos dele. Estamos contentes, hoje, por vocês estarem aqui, juntamente com seus pais. Todos estamos desejosos de viver sempre mais o que Jesus nos ensinou. Queridos catequizandos sejam bem-vindos. Hoje rezamos especialmente por vocês.

3. Rito da entrega do Pai-Nosso (baseado no RICA p. 61).

(Após a Oração Eucarística, antes da oração do Pai-Nosso.)

Animador(a) da celebração: Aproximem-se os que vão receber a oração do Senhor!

(Orienta-se os catequizandos a se colocarem de pé, na frente do altar, voltados para o coordenador da celebração. Enquanto isso, se canta: Pai-Nosso que estais no céu, Pai-Nosso que estais aqui.)

Queridos catequizandos, vocês ouvirão agora como o Senhor Jesus ensinou seus discípulos a rezar.

Catequista: Leitura do Evangelho de Mateus 6,9-13.

Animador(a) ou coordenador da celebração: (Após dizer breves palavras sobre o sentido do Pai-Nosso e a importância dessa oração, diz o que segue.)

Animador (a) ou coordenador da celebração: Queridos catequizandos, convido para que estendam a mão em direção ao altar. Rezemos, agora, em silêncio, por essas crianças. Que o Senhor abra seus corações para que recebam a oração do Senhor e coloque nelas um grande amor por Deus e pelos irmãos e irmãs.

Catequista: Deus de amor e de bondade, pelo batismo estes catequizandos nasceram para a vida em Deus. Nós vos pedimos, olhando para elas, tornai fecunda a Igreja. Aumentai cada vez mais a fé e o entendimento destas crianças para que se sintam fortes e testemunhem Jesus Cristo. Sejam elas contadas entre os vossos filhos e filhas adotivos.

Um pai: Abençoai nossos filhos e filhas e concedei-lhes um coração generoso, capaz de espalhar o bem e a alegria entre todos. Dai-lhes o espírito de caridade e que sejam sempre portadores do vosso amor.

Uma mãe: Queremos ter nossos filhos e filhas em nossos corações e ensinar-lhes sempre que vós sois Deus a quem devemos amar sobre todas as coisas, e que nossos irmãos e irmãs são vossos filhos e filhas. Ajudai estes catequizandos a compreender o que significa que sois Pai, e nós todos, irmãos e irmãs uns dos outros.

Animador (a) ou coordenador da celebração: Agora, todos de mãos dadas, vamos rezar esta oração que Jesus nos ensinou.

Canto: *Pai-Nosso.*

(Na conclusão da oração, o catequista se aproxima do animador com a bandeja das folhas ou cartões com o Pai-Nosso, para que sejam abençoadas.)

Animador(a) ou coordenador da celebração: *Ó Deus de bondade, abençoai estas folhas (cartões) da oração do Pai-Nosso, para que estes vossos filhos e filhas sempre os tenhais sob vosso manto protetor. Que eles possam encontrar, neste símbolo, o convite permanente para serem construtores do vosso Reino. Em nome do Pai, do Filho e do Espírito Santo. Amém.*

(Os pais se aproximam dos seus filhos e entregam a eles o texto com a oração do Pai-Nosso, abraçando seu filho ou sua filha. Toda a comunidade saúda com uma salva de palmas. Todos voltam aos seus lugares.)

A missa: oração da Igreja

26º Encontro

Preparando o encontro

Já conversamos e sabemos que Jesus nos ama muito, e que ele sempre vem ao nosso encontro. Está ao nosso lado em nosso dia a dia e sua presença nos momentos mais importantes de nossa vida é sentida de forma muito especial. A missa é um dos momentos importantes da vida. Somos batizados e discípulos seguidores de Jesus. A missa é o encontro da grande família, dos amigos e amigas de Jesus, filhos e filhas de Deus. A missa é o lugar do banquete de Deus: aí estão a mesa da Palavra de Deus e a mesa da Eucaristia. Na primeira, repartimos o pão da Palavra de Deus, com o qual orientamos nossa caminhada. Na segunda, repartimos o pão do corpo e do sangue do Senhor, que nos fortifica na caridade e na esperança. Nessa oração comunitária, colocamos diante de Deus, junto dos nossos irmãos e irmãs, a nossa vida, as alegrias, as tristezas, as nossas angústias e nossas esperanças.

Objetivo: Despertar nos catequizandos o desejo e o interesse pela participação na celebração da missa e conhecer melhor o seu sentido.

Preparação do ambiente: Preparar um ambiente bem alegre, colocando em destaque a Bíblia, o pão e o vinho.

1. MOMENTO DE ACOLHIDA E ORAÇÃO

Canto: *Ele está no meio de nós.*

- Com o grupo, recordar a celebração do domingo, no qual foi feito o rito de entrega da oração do Senhor. Conversar sobre o que acharam e o que os pais comentaram.
- Fazer a ligação das duas coisas e rezar, de mãos dadas, o Pai-Nosso.
- Ver se as atividades do encontro passado foram realizadas e como foram feitas.

2. JESUS VERDADE! AJUDA-ME A CONHECER A TUA PALAVRA

- Leitura do texto bíblico: Lucas 22,7-19.
- Entender bem o que está escrito no texto:
    - Onde Jesus está?
    - Quem estava com Ele na ceia?
    - Quais são as pessoas que convidamos para sentar conosco à mesa?
    - O que tinha sobre a mesa na refeição de Jesus?
    - Quais foram as palavras e os gestos de Jesus?

3. JESUS CAMINHO! ABRE MEU CORAÇÃO PARA ACOLHER A TUA VONTADE

- O que este texto diz para nós?
- Que ensinamentos levamos para nossa vida?
- Vocês já participaram de alguma missa? Gostaram?
- Que semelhança tem com o que Jesus fez na última ceia com a missa?
- Escrever no caderno o que mais gostam na missa.
- Quais as palavras que o padre diz que são as que Jesus pronunciou? Escrever no seu caderno.

Para reflexão do catequista

Na missa, fazemos o que Jesus fez na última ceia. Ele mesmo disse: "Sempre que vocês fizerem isto, fazei em memória de mim." (Lc. 22 19). Rezamos, cantamos, fazemos gestos e ações, ouvimos a Palavra de Deus. Na missa fazemos a memória dos gestos, das palavras e das ações de Jesus. Nos reunimos como irmãos e irmãs na fé, na oração. É a maior oração dos batizados. Toda a vez que vamos à missa, recordamos a vida, a morte e a ressurreição de Jesus, como já estudamos nos encontros passados.

Na missa, Deus nos oferece dois grandes alimentos: a sua Palavra e o seu corpo como comida que sustenta a nossa vida cristã. O lugar onde fazemos a missa deve ser um lugar de oração, de respeito, de alegria por encontrarmos os nossos irmãos e irmãs na fé. O centro da missa é o oferecimento de Jesus ao Pai. A missa é a celebração da grande oferta de Jesus ao Pai, pela salvação da humanidade. A missa é a memória da Páscoa (morte e ressurreição de Jesus). A missa é um grande banquete, um encontro de festa e de alegria. Todos somos convidados a participar juntos. Rezar, cantar, louvar a Deus, pedir perdão e apresentar a Ele a nossa vida. Mais adiante, na próxima etapa, vamos conhecer mais sobre o sentido da missa para que possamos participar dela com mais entusiasmo e compreender aquilo que fazemos.

4. JESUS VIDA! FORTALECE A MINHA VONTADE PARA VIVER A TUA PALAVRA

- Em silêncio, cada um olhando para o pão e o vinho, para a Palavra de Deus, fazemos uma oração de agradecimento a Jesus, lembrando que Ele deixou para nós este grande dom que é a sua Palavra e a Eucaristia.
- Vamos, agora, bendizer a Deus pela sua Palavra que nos ensina a fazer o bem, pelo pão de cada dia e pelo pão da Eucaristia e depois o repartiremos como fez Jesus. Enquanto o pão é partilhado, todos cantam:

Canto: *Vem! Ao banquete da vida, vem!*

5. COMPROMISSO

- Todo o grupo é convidado a participar da próxima missa na comunidade e observar os gestos e as ações que acontecem para poder confrontar com o que foi refletido neste encontro.

- Combinar com a pessoa responsável de cuidar dos objetos que são usados na missa e pedir que ela mostre e explique para que servem.
- Convidar a sua família a participar da missa da comunidade.

6. AVALIAÇÃO DO CATEQUISTA

Ao longo da semana, avaliar o encontro, anotar os pontos que foram fortes, como se sentiu. Procurar perceber se os objetivos foram atingidos, o que alcançou e quais as dificuldades sentidas.

Anexos

Celebrando nosso(a) padroeiro(a)

Anexo 1

― Preparando o encontro ―

Todos nós somos chamados a ser santos. Os santos foram pessoas como nós, simples, trabalhadores, mas fiéis à Palavra e aos ensinamentos de Jesus. São pessoas como nós, mas que procuraram viver como Jesus ensinou. Celebrar a festa do(a) santo(a) padroeiro(a) significa viver a fé em Jesus Cristo e testemunhá-lo entre as pessoas.

Objetivo: Apresentar a pessoa do(a) santo(a) como um vencedor por seguir Jesus Cristo.

Preparação do ambiente: Preparar a imagem ou figura do(a) santo(a) padroeiro(a), a Bíblia e uma vela ou outros símbolos que trazem a lembrança do(a) padroeiro(a). Frase: Venci pela fé.

1. MOMENTO DE ACOLHIDA E ORAÇÃO

- Iniciar acendendo a vela e cantando juntos o sinal da cruz.
- De mãos dadas, rezar a oração do Pai-Nosso.

Nós estamos aqui porque queremos seguir a pessoa de Jesus e viver sua Palavra. Já são mais de dois mil anos que Jesus viveu entre nós. Ficou no meio de nós durante 33 anos. Depois, subiu aos céus e deixou seus seguidores para continuar o que Ele tinha começado. Foram os apóstolos (sabemos os nomes deles?). Depois deles, milhões de pessoas, homens e mulheres, seguiram o mesmo Jesus. São os santos e as santas da Igreja. Quem sabe o nome de alguns santos? (Deixar que digam.) E no meio de tantos santos e santas temos nosso(a) padroeiro(a). Seguiu Jesus fazendo o bem.

Canto: *Senhor se Tu me chamas, eu quero te ouvir, se queres que eu te siga, respondo: eis-me aqui!*

2. JESUS VERDADE! AJUDA-ME A CONHECER A TUA PALAVRA

- Leitura do texto bíblico: Mateus 4,18-22.
- Cada um coloque a mão direita sobre a Bíblia e, em silêncio, vai repetindo: *Jesus, eu também quero te seguir e amar como os santos.*
- Alguém do grupo lê com calma, e todos acompanham, escutando bem.
- Vamos conversar um pouco sobre este texto:
    - Onde aconteceu esse fato?
    - Como era o nome das pessoas que Jesus convidou?
    - Qual era o trabalho deles?
    - Que decisão tomaram os discípulos depois do convite de Jesus?

3. JESUS CAMINHO! ABRE MEU CORAÇÃO PARA ACOLHER A TUA VONTADE

- O que essa Palavra de Deus nos ensina?
- Vamos escrever no caderno o nome de quatro apóstolos e o que faziam.
- O grupo fica perto da imagem ou figura do(a) santo(a). O catequista prepara a história da vida do(a) santo(a). Possivelmente pode encenar. Ver frases ditas pelo(a) santo(a), fatos marcantes e vai contando, livremente.

Para reflexão do catequista

As pessoas que seguem Jesus são pessoas que veem as muitas coisas erradas. As pessoas santas aprendem de Jesus a verdade e começam a ensiná-la. Muitas vezes não são aceitas, são criticadas, perseguidas e até mortas em defesa da verdade. Mas como Jesus é a Verdade, o Caminho e a Vida, essas pessoas o seguem até a morte.

Assim como fizeram os apóstolos, muitas pessoas, nestes dois mil anos de Igreja, deixaram seu trabalho, sua família e se dedicaram mais de perto ao serviço de Jesus e das comunidades. Do mesmo jeito que os apóstolos seguiram Jesus, também os santos decidem escolher Jesus para sua vida. Vamos ver como nosso(a) padroeiro(a) seguiu Jesus.

A razão dos santos e de nosso(a) padroeiro(a) seguir Jesus, fazer o bem, ter dedicado a sua vida são a certeza de que a vida é o valor maior. Jesus é a vida. Tudo o que é vida, nesta Terra, é presença de Deus. Os santos são pessoas que acreditam que tudo o que é material, corpo, comida, bebida, dinheiro, casa... tudo passa. Tudo deve estar em função da vida. As pessoas devem se dedicar sempre e se colocar a serviço da vida: cuidar, cultivar, amar a vida, porque a vida é Deus. (Ver aspectos do(a) padroeiro(a) que viveu defendendo e amando a vida.)

4. JESUS VIDA! FORTALECE A MINHA VONTADE PARA VIVER A TUA PALAVRA

- O que a vida do santo me faz dizer a Deus? Qual a oração que nasce dentro de mim? (Silêncio)
- Diante da vida de nosso(a) padroeiro(a), vamos rezar. Vamos dirigir nossas mãos em sua direção e depois de cada prece, vamos pedir: "AJUDA-ME A SEGUIR JESUS".

PRECES: (Catequista ou um catequizando)

1. (Nome do santo) "Acreditou na pessoa de Jesus e o seguiu", pedimos...
2. "Leu, estudou e viveu a PALAVRA de Jesus", pedimos...
3. "Viveu em comunidade e fazendo o bem a todos", pedimos...
4. "Ajudou as pessoas necessitadas com amor", pedimos...
5. "Morreu acreditando na vida eterna e no Reino dos céus", pedimos...
6. "Abençoe nossa comunidade e nossa vida", pedimos...

Todos de pé e de mãos dadas rezam a oração que todos os santos rezavam: o Pai-Nosso.

- Invocar três vezes o santo e todos respondem: *Rogai por nós!*

Canto: Referente ao(à) padroeiro(a) ou algum canto que expresse o seguimento a Jesus ou *Santo... (nome do(a) santo(a), rogai por nós! Intercedei a Deus por nós!*

5. COMPROMISSO

- Inteirar-se da programação da comunidade para a festa e tomar parte dela.
- Que todos providenciem uma figura ou um símbolo do(a) padroeiro(a).
- Deixar, durante a semana, a Bíblia aberta no Evangelho de Mateus 4,18-22. (Ler durante a semana.)
- Contar o que foi feito na comunidade e trazer para o próximo encontro.
- Pedir que escrevam no caderno uma oração ao santo que o ajude a seguir a Jesus.

Oração (Exemplo): *Senhor Jesus, pela ajuda de (nome do santo), ilumina minha vida para que sempre siga a Jesus, sua Palavra, vivendo em comunidade, a exemplo de (nome), para que eu possa viver bem e ter sua proteção.*

6. AVALIAÇÃO DO CATEQUISTA

Ao longo da semana, avaliar o encontro, anotar os pontos que foram fortes, como se sentiu, se conseguiu atingir seus objetivos, o que alcançou e as dificuldades sentidas.

Vocação: chamado e resposta de amor

Anexo 2

― Preparando o encontro ―

Vocação é um chamado de Deus e a resposta da pessoa. A vocação está presente em cada ser humano. É como uma semente que, ao encontrar condições favoráveis, germina e produz frutos. Sempre que alguém nos chama, nós escutamos o que tem a nos dizer e respondemos. Assim, se estabelece um diálogo entre quem chama, propondo algo, e quem responde. Na vocação, a resposta pode ser afirmativa – SIM – ou negativa – NÃO. Depende da nossa disponibilidade e generosidade.

Objetivo: Sentir que somos pessoas chamadas por Deus e nossa resposta, como compromisso, é fazer o bem sempre.

Preparação do ambiente: Na sala, organizar as cadeiras em círculo, um coração e sobre ele a frase "Amar é.................", crucifixo, flores, mãos abertas, um cartaz vocacional, a Bíblia.

1. MOMENTO DE ACOLHIDA E ORAÇÃO

- Juntos fazem o sinal da cruz cantado o Pai-Nosso de mãos dadas.
- Para conversar: O que você já ouviu falar de vocação? Todos os anos, dizemos: "temos o mês vocacional". Devemos pensar em vocação somente neste mês, em alguns momentos fortes? Onde vivemos nossa vocação? Como Deus nos chama? Como perceber o seu chamado? O que acontece quando a pessoa se sente chamada por Deus para uma determinada vocação?

2. JESUS VERDADE! AJUDA-ME A CONHECER A TUA PALAVRA.

- Convidar para aclamar a Palavra de Deus cantando:

Canto: *Eu vim para escutar.*

- Leitura do texto bíblico: Marcos 3,13-19.

    (Ler quantas vezes for necessário para entender bem.)

- Destacar no texto:
    - Onde e como Jesus nos chama?
    - Quem chama?
    - Qual a resposta dada pelos doze homens chamados por Jesus?
    - Para que Jesus chamou os doze?

3. JESUS CAMINHO! ABRE MEU CORAÇÃO PARA ACOLHER A TUA VONTADE

- O que esse texto da Bíblia diz para mim?
- Pedir para que cada catequizando observe o cenário na sala de encontro e depois complete a frase que está escrita em à frente ao coração de papel: Amar é........................
- Perguntar aos catequizandos qual o conhecimento sobre a palavra "vocação". O catequista pode valer-se dos aspectos abordados na reflexão.
- Quais são as nossas perguntas sobre o assunto VOCAÇÃO?

Para reflexão do catequista

VOCAÇÃO significa um CHAMADO de Deus e a RESPOSTA da pessoa. Você, eu, cada pessoa humana é chamada a viver, a conviver, a servir, a crescer em todas as dimensões, isto é, a estar de bem consigo mesma, com os outros seres humanos, com outras criaturas e mundo que nos cerca e com Deus, o CRIADOR. Deus nos chamou à VIDA. Eis nossa primeira e fundamental vocação. Somos imagem e semelhança de Deus.

Somos pessoas batizadas. No batismo, nascemos para a vida cristã. Somos discípulos missionários de Jesus Cristo, aqui, neste chão. Em nós

> mora o Espírito Santo. O batismo também nos faz membros atuantes de uma comunidade de fé, a Igreja, na qual vivemos nossa vocação cristã. O batismo é fonte de todas as vocações. O batismo é força que nos ajuda a crescer como Jesus crescia: em idade, sabedoria e graça. Estamos percebendo que de Deus recebemos a VIDA gratuitamente. Somos pessoas ESCOLHIDAS para a VIDA. Devemos sempre nos sentir assim: SOU PESSOA ESCOLHIDA POR DEUS PARA A VIDA e também sou pessoa CHAMADA e ESCOLHIDA para a VIDA CRISTÃ. E, assim, se perguntar: o que vou fazer da minha vida? Que resposta darei? No mundo e na Igreja há lugar para todos. Cada pessoa segue Jesus Cristo dando sua resposta à vocação a que se sente chamada para ser feliz e fazer sempre o bem.

- Quais são as vocações que conhecemos?
- O que achamos dessas vocações?
- Uma é melhor do que a outra? Se você tivesse que escolher uma, qual escolheria e por quê?

4. JESUS VIDA! FORTALECE A MINHA VONTADE PARA VIVER A TUA PALAVRA

- Orientar para que, em silêncio, olhem para o crucifixo e rezem, pedindo a Jesus que os ajude a escolher bem a vocação e que os ilumine a encontrar a melhor forma de servir as pessoas e serem felizes. Depois cada um pode dizer em voz alta sua oração.

Canto: (Que se refere ao tema vocacional conhecido pelo catequista.)

- Façamos preces espontâneas, agradecendo a Deus, que nos chamou à vida, nos deu, gratuitamente, muitos dons e qualidades. Também nos chamou à vida cristã. A cada prece, digamos: *Obrigado, Senhor!*

Oração: Convidar cada catequizando a colocar-se de joelhos diante do crucifixo, fazendo a entrega de sua vida e pedindo a graça de viver como Jesus viveu. REZAR a oração vocacional:

Jesus, Divino Mestre, que chamastes os apóstolos a vos seguirem, continuai a passar pelos nossos caminhos, pelas nossas famílias, pelas nossas escolas, pelas nossas comunidades e continuai a repetir o convite a muitos de nossos jovens a segui-lo. Dai coragem às pessoas convidadas. Dai força para que vos sejam fiéis como apóstolos leigos, como sacerdotes, como religiosos e religiosas, para o bem do povo de Deus e de toda a humanidade. Amém.

5. COMPROMISSO

- Ver como o grupo pode assumir alguma atividade concreta para viver bem a semana, de acordo com o chamado de Deus.
- Fazer uma lista dos dons que cada um reconhece ter recebido de Deus e ver como os estão colocando a serviço da vida e das pessoas.
- Procurar saber se na sua comunidade existe o serviço de animação vocacional e quem faz parte. Se achar oportuno, convidar alguém dessa equipe para falar sobre o tema "vocação".

6. AVALIAÇÃO DO CATEQUISTA

Lembrar, durante a semana, de rezar e avaliar o encontro de catequese. Anotar as coisas boas, dificuldades, dúvidas e inquietações.

Ser missionário

Anexo 3

― Preparando o encontro ―

O tema das Missões nos lembra que todos nós, pelo batismo, somos chamados a ser missionários. Em cada ano, o mês das Missões nos lembra esse compromisso e o dever de ajudar, por meio de orações, sacrifícios, ações concretas em favor dos nossos irmãos e irmãs. Os missionários são muitos e há também várias maneiras de sermos missionários. Jesus também foi missionário, foi enviado pelo Pai, para vir ao mundo, estar no meio de nós e deixar sua mensagem de salvação.

Jesus, em sua pregação, acolheu pessoas de vários lugares e mostrou que Ele veio para salvar todos e, no fim de sua missão, enviou os apóstolos pelo mundo inteiro, porque o amor de Jesus não conhece fronteiras.

Objetivo: Despertar nos catequizandos o desejo de estar a serviço dos outros e não pensar somente no que está ao seu redor.

Preparação do ambiente: Cartaz do mês missionário, Bíblia, cinco velas ou fitas coloridas (amarelo, vermelho, verde, azul, branco), lembrando as cores dos cinco continentes.

1. MOMENTO DE ACOLHIDA E ORAÇÃO

- Acolher o grupo expressando a alegria do encontro.

Canto: *Onde reina o amor, fraterno amor.*

- Em nome da Trindade fomos batizados, em nome da Trindade estamos reunidos, em nome da Trindade somos enviados em missão, por isso cantemos o sinal da cruz: Em nome do Pai, em nome do Filho... O amor de Deus, que nos ama com amor de pai e mãe, que enviou seu Filho Jesus para nos salvar esteja com cada um de vocês.

Canto: apropriado ao tema.

- Para iniciar a conversa:

Vamos olhar para os símbolos que estão na nossa frente. Todos os anos, durante o mês de outubro, lembramos o tema das Missões. Rezamos pelos missionários e recordamos que a nossa missão de batizados é de sermos missionários.

Vamos conversar mais sobre esse assunto a partir das perguntas:

- O que sabemos sobre o que é missão?
- Quem são e onde estão os missionários?
- Você conhece alguma pessoa missionária?
- O que fazem os missionários?

2. JESUS VERDADE! AJUDA-ME A CONHECER A TUA PALAVRA

Canto: *Eu vim para escutar.*

- Leitura do texto bíblico: Lucas 4, 14-21. (Ler uma ou duas vezes.)
- Orientar para que juntos tentem contar a história.
- Quais os personagens do texto e o que cada um faz?
- Qual a parte que você mais gostou?

3. JESUS CAMINHO! ABRE MEU CORAÇÃO PARA ACOLHER A TUA VONTADE

- O que essa Palavra de Deus nos ensina?
- Vamos olhar para os símbolos que estão no meio de nós. O que eles nos dizem?
- Onde nós podemos ser missionários e de que forma?

4. JESUS VIDA! FORTALECE A MINHA VONTADE PARA VIVER A TUA PALAVRA

- Cada um de nós é chamado a ser missionário de nossos amigos e colegas. Para selar esse compromisso com Deus e com a nossa vocação missionária, vamos passar a Bíblia de mão em mão e beijá-la, cantando.

    Canto: *Pela Palavra de Deus, saberemos por onde andar. Ela é luz e verdade, precisamos acreditar.*

- Cada um toma na mão uma das cinco fitas, ou velas que estão no espaço, e a cada uma rezemos uma Ave-Maria pelas pessoas que vivem neste continente.

- Convidar para que os catequizandos rezem juntos:

    Senhor Jesus Cristo, Tu que passaste pelo mundo fazendo o bem a todos, concede-nos o ardor missionário para ir ao encontro de povos desconhecidos, das diferentes culturas levando a semente do evangelho. Dá-nos uma fé que não conheça limites, para testemunhar a todos o amor do Pai. Amém.

Canto: (Apropriado ao tema.)

5. COMPROMISSO

- O que vamos fazer para sermos missionários em nossa casa, na escola, aqui em nossa comunidade?
- Fazer uma visita missionária, levando uma palavra de fé, de conforto, de alegria a uma creche ou a algum doente ou a alguma instituição que precisa da presença amiga e da Palavra de Deus.
- Durante esta semana, vamos reservar um valor em dinheiro, fruto de nossa renúncia, de sacrifício de alguma coisa boa que gostamos para ajudar os missionários.

6. AVALIAÇÃO DO CATEQUISTA

Ao longo da semana, avaliar o encontro, anotar os pontos que foram fortes, como se sentiu, se conseguiu atingir seus objetivos, o que alcançou e as dificuldades sentidas.

Anexo 4

O dízimo e a catequese: Amo minha Igreja! Sou dizimista!

Preparando o encontro

A vida das pessoas é marcada pela liberdade, que é dom de Deus, e pela capacidade de reconhecer os dons recebidos e sermos agradecidos. O reconhecimento e a gratidão enobrecem a pessoa. Quem tem fé sabe agradecer e isto ajuda a viver com maior alegria. Amo minha Igreja! Sou dizimista! Ser dizimista é sentir-se parte, membro da comunidade, do povo de Deus.

Objetivo: Ajudar os catequizandos no processo de Iniciação à Vida Cristã a sentirem-se parte da comunidade, membros ativos de uma Igreja.

Preparação do ambiente: A Bíblia, uma vela, a frase: "Amo minha Igreja! Sou dizimista!". Preparar as letras recortadas das palavras "OBRIGADO", "GRATIDÃO", colocá-las numa bandeja.

1. MOMENTO DE ACOLHIDA E ORAÇÃO

- Acolher a cada um com alegria.
- Sinal da cruz cantado e rezar juntos a oração do Pai-Nosso.

Canto: *Agora é tempo de ser Igreja.*

Iniciando a conversa: O tema do nosso encontro de hoje é sobre o dízimo. Dízimo é um jeito de dizer a Deus "muito obrigado". Alguém já sabe o que é isto? Já ouviu os pais ou padre falar sobre isto? (Deixar falar.) Ao longo deste encontro vamos compreender o que é o dízimo e como nós já podemos participar.

2. JESUS VERDADE! AJUDA-ME A CONHECER A TUA PALAVRA

- Leitura dos textos bíblicos: Atos dos Apóstolos 2,44-47 e o Evangelho de Mateus 6,3-4.
- O que diz cada um destes textos bíblicos?
- Destaque a frase ou a expressão que mais ficou gravada em você.
- Releia em silêncio procurando se colocar no cenário do texto.

Para reflexão do catequista

É um dever de justiça partilhar com outras pessoas os bens e os dons. A Palavra de Deus nos ensina a necessidade de colocar-se a serviço e à disposição dos mais pobres, vendo neles o próprio Jesus. Jesus ensinava os seus discípulos, o seu grupo a ser solidário, a não pensar somente em si mesmo, mas ver e ajudar as necessidades dos outros. Jesus ensina ainda que ajudar os outros deve ser uma atitude livre, responsável, que brota do coração e da gratidão a Deus por termos o que partilhar. Como batizados, formamos um só corpo e por isso, não podemos viver separados uns dos outros, devemos ser responsáveis pelo bem de cada pessoa e da nossa comunidade.

Dízimo é sinal de amor a Deus: através do dízimo, retribuímos um pouco do muito que recebemos de Deus. Dar a Deus parte de tudo o que Ele nos dá é necessidade que brota do íntimo da fé. O dízimo nos torna abertos para receber, pois na medida em que retribuímos a Deus, ele nos presenteia com muito mais. Só quem tem fé compreende e acolhe o dízimo, não como uma obrigação, mas como uma oportunidade de gratidão ao Senhor. É muito bom poder dar um pouco do que recebemos e, assim, ser parte de uma Igreja que partilha com as necessidades das comunidades e das pessoas mais necessitadas. Participar do dízimo é uma forma de expressar gratidão e amor; é desejar que a obra de Jesus continue; é devolver um pouco do muito que recebemos de Deus. O dízimo é um compromisso do cristão

> que ama a Deus e sua comunidade. O dízimo é um ato de fé, sinal de agradecimento pelos dons e bens recebidos de Deus. O dízimo é um ato de louvor e de adoração a Deus. O dízimo é o reconhecimento de que tudo pertence a Deus. Faça a experiência.

3. JESUS CAMINHO! ABRE MEU CORAÇÃO PARA ACOLHER A TUA VONTADE

- O que a Palavra de Deus diz para mim? Para o nosso grupo?
- O que sabemos sobre o dízimo em nossa comunidade? Sua família é dizimista?
- Você que é batizado e participa na Igreja, já é dizimista? Gostaria de ser?
- De que forma agradecemos a Deus por tanta coisa que Ele nos dá?

4. JESUS VIDA! FORTALECE A MINHA VONTADE PARA VIVER A TUA PALAVRA

- Com as letras que temos recortadas à nossa frente, vamos formar as palavras: "Obrigado", "Gratidão".
- Diante destas palavras e da Palavra de Deus que ouvimos, hoje, qual a oração que vamos fazer a Deus? (Cada um, no silêncio do seu coração, faça uma oração.)
- Diante da vela acesa, da Bíblia e das palavras "Obrigado" e "Gratidão" façamos espontaneamente uma ladainha respondendo após cada invocação: "Obrigado, Senhor".

    Ex.: Pelo dom da vida... Obrigado, Senhor

    Pela casa, e saúde... Obrigado, Senhor.

Oração: *Recebei Senhor a minha oferta. Fazei de mim um dizimista consciente e alegre. Que cada dízimo que eu der, seja um verdadeiro agradecimento, um ato de amor, o reconhecimento de tua bondade para comigo. Sei que tudo que tenho de bom vem de ti: paz, saúde, amor, prosperidade, bens. Ajudai-me a partilhar com justiça e generosidade. Tirai todo o egoísmo do meu coração. Que eu possa amar cada vez mais o meu* *irmão. Quero ser no mundo espelho de vosso amor e de vossa paz. E que meu dízimo seja fonte de bênçãos para mim, para minha família e para minha comunidade. Amém.*

Canto: *Quem disse que não somos nada?*

5. COMPROMISSO

- Conversar em casa sobre este assunto de hoje. Procurar entender o que é dízimo e ver com os pais como a família participa do dízimo.
- Em muitos lugares existe o dízimo-mirim. As crianças e adolescentes, como vocês, reconhecem quando Deus é bom e, com gratidão, por meio da Igreja, fazem a sua oferta.
- Como nós, catequizandos, vamos participar do dízimo? Qual será a nossa forma de participação?

6. AVALIAÇÃO DO CATEQUISTA

Durante a semana, avaliar o encontro. Anotar os pontos fortes. Como se sentiu? Os objetivos foram alcançados? Quais foram as dificuldades?

Anexo 5

Celebração do Natal do Senhor

── Preparando o encontro ──

Celebração do Natal com os pais, catequistas e catequizandos

Sugestões

Objetivo: Celebrar com todos os grupos da primeira etapa, com os catequistas e com as famílias, o Natal de Jesus e a vida nova que o Natal nos traz.

Preparação do ambiente: Preparar um ambiente bem acolhedor e festivo, no qual todos possam sentir-se bem. Organizar o presépio com as imagens principais, sem muitas luzes e enfeites e que se aproxime, o máximo possível, do verdadeiro Natal de Jesus. Providenciar uma coroa para colocar na cabeça dos catequizandos na hora da oferta ao menino Jesus. Providenciar um pacote de presente para simbolizar as ofertas que cada criança vai fazer.

Celebração de Natal

Ambiente com pouca luz e música de fundo, suave. Esta celebração, além da encenação, prevê um coordenador, três leitores e duas vozes.

Animador (a): Neste encontro, acolhemos todos e cada um aqui presente: pais, catequizandos, catequistas e familiares. Queremos celebrar, na alegria e no amor, o nascimento de Cristo Jesus, nosso Salvador. Lembrando a Deus que se fez criança, pedimos que Ele esteja dentro de nós. Que a mensagem do Natal desabroche em momentos de solidariedade, e que o nosso pedaço de chão se torne um espaço mais humano e mais divino. Nós cremos que Jesus, o Filho de Deus, nascido de Maria, veio morar entre nós. Ele nos ensinou a enxugar as lágrimas e a acabar com nossas lamúrias. Ele nos convidou a repartir os sorrisos que brotam do nosso coração, pois em nós, um dia, pelo batismo, foi semeado o dom da fé. Que Jesus nos ajude a crer que ainda é tempo de sonhar com fraternidade e paz! Ainda é tempo de termos atitudes de solidariedade. Vamos silenciar o nosso coração para vivenciar, em profundidade, este momento.

1. ENCENAÇÃO (Todos acompanham em silêncio.)

Apresentação da encenação do texto do Evangelho de Lucas 2,1-20, conforme foi preparada.

2. APÓS A ENCENAÇÃO

Leitor 1: A celebração do Natal de Jesus nos convida a renascer, por meio de gestos e palavras. Precisamos tornar visível nosso renovado desejo de dar rumo novo à nossa vida, conforme o Natal nos inspira.

Leitor 2: Ao enviar seu Filho ao mundo, o Pai quis revelar-nos seu grande amor e sua divina ternura para conosco. O amor de Jesus nos ensina a sermos solidários e a amar a vida.

Animador (a): Façamos nossos pedidos a Jesus, que nasce entre nós. Após cada pedido, cantemos:

Todos: Vem, Senhor Jesus! O mundo precisa de Ti!

Voz 1: Para ajudar as pessoas a quererem-se bem, amarem-se e ajudarem-se.

Todos: Vem, Senhor Jesus! O mundo precisa de Ti!

Voz 2: Para orientar a todos nós no caminho da justiça e da fraternidade.

Todos: Vem, Senhor Jesus! O mundo precisa de Ti!

Voz 1: Para que, em nossas famílias, vivamos o amor, o acolhimento e o perdão.

Todos: Vem, Senhor Jesus! O mundo precisa de Ti!

Voz 2: Para que este Natal nos ajude a aprofundar nossa fé.

Todos: Vem, Senhor Jesus! O mundo precisa de Ti!

Voz 1: Para que o Natal nos fortifique na caridade.

Todos: Vem, Senhor Jesus! O mundo precisa de Ti!

Voz 2: Para que sejamos, por nossa maneira de viver, luz para o mundo.

Todos: Vem, Senhor Jesus! O mundo precisa de Ti!

Voz 1: Para nos orientar na vivência da misericórdia e da compreensão.

Todos: Vem, Senhor Jesus! O mundo precisa de Ti!

Voz 2: Para que nunca nos cansemos de fazer o bem.

Todos: Vem, Senhor Jesus! O mundo precisa de Ti!

Leitor 1: Ao saberem do nascimento de Jesus, os pastores seguiram rumo a Belém para prestar uma homenagem de adoração ao menino, na gruta.

Leitor 2: Abramos nossos corações à alegria. Preparemos um lugar digno em nossos corações e em nosso lar, para acolhermos Jesus que vem, neste Natal. Estejamos atentos às manifestações de Deus, que acontecem de muitos modos.

Leitor 3: Os reis magos trouxeram presentes para homenagear Jesus e ajoelharam-se diante dele. Ofereceram-lhe ouro, incenso e mirra.

Animador(a): Se nós estivéssemos no lugar daqueles reis, qual seria o melhor presente que Jesus gostaria de ganhar de cada um de nós? Vamos, no silêncio do coração, pensar o que devemos dar a Jesus?

(Deixar um momento de silêncio para cada um refletir.)

Coordenador: Agora, cada catequizando vai ser rei por um pouquinho de tempo. Quando você estiver com esta coroa na cabeça e com este presentinho na mão, vai dizer qual é o melhor presente de sua vida que você pode dar ao menino Jesus.

(Os catequizandos se aproximam do presépio, o catequista entrega uma caixinha de presente e coloca a coroa na cabeça de cada catequizando. Deixe cada um falar livremente. Depois que cada catequizando falar, canta-se.)

Todos: Vem, Senhor Jesus! O mundo precisa de Ti!

Coordenador: Juntemos nossa voz às vozes que, em tantos lugares do mundo, louvam o Natal de Jesus. Cantemos:

Canto: *Noite Feliz.*

(Durante o canto, todos beijam a imagem do menino Jesus.)

Animador(a): *Oremos: Jesus, há mais de dois mil anos caminhas conosco nos caminhos humanos e terrenos. Tu estás presente em cada gesto de amor, em cada sinal de vida e de esperança. Somos felizes porque sentimos tua presença nos encontros de catequese, em nossos amigos e amigas, em nossas famílias, em nossa comunidade, nos irmãos e nas irmãs. Fica conosco, Senhor, precisamos de Ti. Somos teus amigos e queremos celebrar sempre tua presença entre nós. Amém.*

Animador(a): Natal é tempo de partilha da bondade, do amor, do afeto e da vida. Natal é a comunhão na fé, é tempo de fraternidade e de encontro. Na alegria da certeza da presença de Jesus entre nós, desejemos uns aos outros a sua paz.

3. AVALIAÇÃO DO CATEQUISTA

Lembrar, durante a semana, de rezar e avaliar o encontro celebrativo. Anotar as coisas boas e as dificuldades, as dúvidas e as inquietações. Pontualizar os aspectos fortes da celebração e anotar as falhas acontecidas.

Anexo 6

Celebração do amor misericordioso de Deus

Preparando o encontro

Deus nos ama como filhos e filhas e está sempre conosco. Em nenhum momento de nossa vida, sentiremos a ausência de Deus. Devido ao nosso egoísmo, muitas vezes nós nos afastamos dele. Não é Deus que está ausente, mas nós é que nos ausentamos da presença de Deus. Ele sempre vem ao nosso encontro, de braços abertos, para nos aconchegar em seu amor. Deus sempre estende sua mão para nos reconduzir pelo caminho bom que leva à felicidade.

Objetivo: Celebrar o amor de Deus para conosco.

Preparação do ambiente: Cadeiras em círculo ou sentados no chão, a cruz deitada no chão, uma flor em cada extremidade da cruz, vasilha com água perfumada, vela acesa, Bíblia em cima da cruz, uma mesa arrumada com os alimentos que cada um trouxe.

Canto: *Onde reina o amor, fraterno amor, onde reina o amor, Deus aí está.*

Motivação: No Pai-Nosso, rezamos: "perdoai as nossas ofensas assim como nós perdoamos a quem nos tem ofendido". Deus ama muito a cada um de nós e quer que sejamos todos amigos uns dos outros e amigos dele. Hoje queremos aqui, juntos, sentir o amor e o carinho que Deus tem por nós. Façamos silêncio no coração, fechemos nossos olhos. Cada um faça sua oração, sinta Deus presente em seu coração. (Deixar um tempo de silêncio.)

Catequista: É muito importante sermos pessoas bondosas, que sabem acolher os outros, que desejam o bem para os outros, que sabem desculpar quando alguém faz alguma coisa errada. Quem é bom fica perdoado dos seus muitos erros e pecados.

- Contar estes fatos:

a) Marina é uma pessoa ruim. É muito agitada. Sempre que tem oportunidade, fala mal dos outros e desrespeita as pessoas. Em casa, não sabe conversar, só grita e manda nos outros. Ninguém gosta de ficar perto dela porque parece que só ela sabe, só ela ganha dinheiro e só ela é que tem sorte nos negócios. É uma pessoa que vive arrumando confusão. O que será que vai acontecer com ela?

b) Pedro, pelo contrário, é uma pessoa boa. Ajuda muito as pessoas, principalmente pobres, doentes e crianças. Sempre arruma tempo para se colocar a serviço do bem na família, na comunidade e onde trabalha. Ele tem certeza que ser bom é importante. Sempre tem muitas pessoas próximas dele. O que será que vai acontecer com Ele?

(Deixar o grupo conversar.)

Jesus tem Palavras de Vida

- Leitura do texto bíblico: Lucas 15, 1-7.
    - O que diz a Palavra de Deus?
    - Quais são as figuras e pessoas que aparecem no texto?
    - Qual foi a atitude de Jesus com a ovelha que se separou do grupo?
    - Que aconteceu com aquelas que estavam reunidas?

Catequista: Diante dessa Palavra de Deus, olhando para a própria vida, vamos nos perguntar:

- O que faz com que eu me afaste de Jesus, o Bom Pastor?
- Como Deus trata a gente quando nos afastamos dele?
- Como eu trato meus irmãos e irmãs?
- Sou capaz de amar e de perdoar?
- Tenho atitudes de quem acolhe o outro do jeito que ele é?

    (Deixar um tempo de silêncio para cada um fazer sua própria avaliação.)

Pedido de perdão

Catequista: Vamos pedir, juntos, a misericórdia de Deus que nos perdoa sempre. A cada estrofe que vai ser lida, vamos dizer juntos: "Misericórdia, Senhor, Misericórdia!".

Leitor 1: Senhor, escuta o lamento e tem de nós compaixão, dá a nós, amor, perdão, alento e graça.

Leitor 2: Converte, Jesus, nosso coração, queremos recomeçar, ensina-nos a ser irmãos de todos, principalmente dos pobres, dos doentes e dos que mais precisam.

Leitor 3: Vós amais os corações simples e sinceros. Vós nos dais sabedoria. Lavai-nos, Senhor, das nossas faltas. Ajudai-nos a mudar de vida e a fazer sempre o bem.

Beijo na cruz

Catequista: Vamos, agora, beijar a cruz de Jesus. Foi por ela que nossos pecados foram perdoados. Aproximemo-nos da cruz e, com profundo respeito, coloquemos nela nosso beijo de arrependimento e de amor.

(O catequista toma a cruz nas mãos e cada um se aproxima, em silêncio, para beijá-la.)

Catequista: Jesus sempre acolhe a pessoa que errou, que reconheceu o seu erro e quer ser melhor. Jesus se alegrou quando encontrou a ovelha perdida, trouxe-a no colo e a colocou de volta no rebanho. Ele faz assim conosco também. Jesus cuida de nós, nos ama e está sempre ao nosso lado. Isto é motivo de alegria. Por isso vamos cantar: "Em coro a Deus louvemos".

Água perfumada

Catequista: Para sentir o amor de Deus, seu carinho e seu amor para conosco, sua ternura e seu aconchego, vamos nos lavar na água perfumada. Ela lembra o nosso batismo e nos faz sentir o perfume da graça de Deus.

Esse gesto nos dá a alegria, nos devolve a disposição de sempre fazer o bem, de perdoar quem nos ofende e nos dá paz.

(Cada um se aproxima da água, lava as mãos e faz o sinal da cruz. Ao voltar, o catequista o acolhe com um abraço.)

Salmo 23

Catequista: Agora, todos com a Bíblia aberta, vamos rezar, juntos, o Salmo 23, que nos lembra que Deus é o Pastor de nossas vidas. Rezemos com muita devoção: "O Senhor é o meu Pastor, nada me falta".

Abraço da paz

(Todos se abraçam desejando a paz e o perdão de Jesus.)

Confraternização

Concluída a celebração, fazer a festa do perdão, confraternizando com alegria e partilhando o que cada um trouxe.

Orações do cristão

Pelo sinal da santa cruz, livrai-nos Deus, Nosso Senhor, dos nossos inimigos. Em Nome do Pai e do Filho e do Espírito Santo. Amém!

OFERECIMENTO DO DIA

Adoro-vos, meu Deus, amo-vos de todo o meu coração. Agradeço-vos porque me criastes, me fizestes cristão, me conservastes a vida e a saúde. Ofereço-vos o meu dia: que todas as minhas ações correspondam à vossa vontade, e que eu faça tudo para a vossa glória e a paz dos homens. Livrai-me do pecado, do perigo e de todo mal. Que a vossa graça, bênção, luz e presença permaneçam sempre comigo e com todos aqueles que eu amo. Amém!

PAI-NOSSO

Pai nosso que estais nos céus, santificado seja o vosso nome; venha a nós o vosso reino, seja feita a vossa vontade, assim na terra como no céu. O pão nosso de cada dia nos dai hoje; perdoai-nos as nossas ofensas, assim como nós perdoamos a quem nos tem ofendido; e não nos deixeis cair em tentação, mas livrai-nos do mal. Amém!

AVE-MARIA

Ave Maria, cheia de graça, o Senhor é convosco; bendita sois vós entre as mulheres, e bendito é o fruto do vosso ventre, Jesus. Santa Maria, Mãe de Deus, rogai por nós, pecadores, agora e na hora de nossa morte. Amém!

GLÓRIA

Glória ao Pai e ao Filho e ao Espírito Santo. Como era no princípio, agora e sempre. Amém!

SALVE RAINHA

Salve, Rainha, Mãe de misericórdia, vida, doçura e esperança nossa, salve! A vós bradamos os degredados filhos de Eva. A vós suspiramos, gemendo e chorando neste vale de lágrimas. Eia, pois, advogada nossa, esses vossos olhos misericordiosos a nós volvei, e depois deste desterro, mostrai-nos Jesus, bendito fruto do vosso ventre, ó clemente, ó piedosa, ó doce e sempre Virgem Maria.
– Rogai por nós, Santa Mãe de Deus!
– Para que sejamos dignos das promessas de Cristo. Amém!

SAUDAÇÃO À NOSSA SENHORA (no tempo comum)

– O anjo do Senhor anunciou a Maria.
– E ela concebeu do Espírito Santo.
Ave Maria...
– Eis aqui a serva do Senhor.
– Faça-se em mim segundo a vossa Palavra.
Ave Maria...
– E o Verbo se fez carne.
– E habitou entre nós.
Ave, Maria...

– Rogai por nós, Santa Mãe de Deus.
– Para que sejamos dignos das promessas de Cristo.

Oremos: Infundi, Senhor, como vos pedimos, a vossa graça em nossas almas, para que nós, que pela anunciação do anjo viemos ao conhecimento da encarnação de Jesus Cristo, vosso Filho, por sua paixão e morte sejamos conduzidos à glória da ressurreição. Pelo mesmo Cristo, Senhor nosso. Amém!

Para o tempo pascal: REGINA COELI (Rainha do Céu)

– Rainha do céu, alegrai-vos, aleluia.
– Porque quem merecestes trazer em vosso puríssimo seio, aleluia.
– Ressuscitou como disse, aleluia.
– Rogai por nós a Deus, aleluia.
– Exultai e alegrai-vos, ó Virgem Maria, aleluia.
– Porque o Senhor ressuscitou verdadeiramente, aleluia.

Oremos: Ó Deus, que vos dignastes alegrar o mundo com a ressurreição do vosso Filho Jesus Cristo, Senhor nosso, concedei-nos, vo-lo suplicamos, que por sua Mãe, a Virgem Maria, alcancemos os prazeres da vida eterna. Pelo mesmo Senhor Jesus Cristo. Amém!

ANJO DE DEUS, que sois a minha guarda, e a quem fui confiado por celestial piedade, ilumina-me, guardai-me, protegei-me, governai-me. Amém!

ANJO DA GUARDA

Santo Anjo do Senhor, meu zeloso guardador, se a ti me confiou a piedade divina, sempre me rege, guarda, governa e ilumina. Amém!

CREIO EM DEUS PAI todo-poderoso, criador do céu e da terra; e em Jesus Cristo, seu único Filho, nosso Senhor; que foi concebido pelo poder do Espírito Santo; nasceu da Vigem Maria, padeceu sob Pôncio Pilatos, foi crucificado, morto e sepultado. Desceu à mansão dos mortos; ressuscitou ao terceiro dia; subiu aos céus, está sentado à direita de Deus Pai todo-poderoso, donde há de vir a julgar os vivos e os mortos. Creio no Espírito Santo, na Santa Igreja Católica, na comunhão do santos, na remissão dos pecados, na ressurreição da carne, na vida eterna. Amém!

ORAÇÃO PARA VIVER BEM O DIA

Maria, minha querida e terna mãe, colocai vossa mão sobre a minha cabeça. Guardai a minha mente, meu coração e meus sentidos, para que eu possa agradar a vós e ao vosso Jesus e meu Deus e, assim, possa partilhar da vossa felicidade no céu. Jesus e Maria, dai-me a vossa bênção: Em nome do Pai e do Filho e do Espírito Santo. Amém!

ATO DE CONTRIÇÃO I

Meu Deus, eu me arrependo de todo o coração de vos ter ofendido, porque sois tão bom e amável. Prometo, com a vossa graça, nunca mais pecar. Meu Jesus, misericórdia!

ATO DE CONTRIÇÃO II
Senhor, eu me arrependo sinceramente de todo mal que pratiquei e do bem que deixei de fazer. Pecando, eu vos ofendi, meu Deus e Sumo Bem, digno de ser amado sobre todas as coisas. Prometo, firmemente, ajudado com a vossa graça, fazer penitência e fugir das ocasiões de pecar. Senhor, tende piedade de mim, pelos méritos da paixão, morte e ressurreição de Jesus Cristo, Nosso Salvador. Amém!

ORAÇÃO PELA FAMÍLIA
Pai, que nos protegeis e que nos destes a vida para participarmos de vossa felicidade, agradecemos o amparo que os pais nos deram desde o nascimento. Hoje queremos vos pedir pelas famílias, para que vivam na união e na alegria cristãs. Protegei nossos lares do mal e dos perigos que ameaçam a sua unidade. Pedimos para que o amor não desapareça nunca, e que os princípios do Evangelho sejam a norma de vida. Pedimos pelos lares em dificuldades, em desunião e em perigo de sucumbir, para que, lembrados do compromisso assumido na fé, encontrem o caminho do perdão, da alegria e da doação. A exemplo de São José, Maria Santíssima e Jesus, sejam nossas famílias uma pequena Igreja, onde se viva o amor. Amém!

INVOCAÇÃO AO ESPÍRITO SANTO
Vinde, Espírito Santo, enchei os corações dos vossos fiéis e acendei neles o fogo do vosso amor. Enviai o vosso Espírito e tudo será criado, e renovareis a face da Terra.
Oremos: Deus, que instruístes os corações dos vossos fiéis com a luz do Espírito Santo, fazei que apreciemos retamente todas as coisas segundo o mesmo Espírito, e gozemos sempre de sua consolação. Por Cristo, Senhor Nosso. Amém!

CONSAGRAÇÃO A NOSSA SENHORA
Ó Senhora minha, ó minha Mãe, eu me ofereço todo(a) a vós, e em prova da minha devoção para convosco vos consagro neste dia e para sempre, os meus olhos, os meus ouvidos, a minha boca, o meu coração e inteiramente todo o meu ser. E porque assim sou vosso(a), ó incomparável Mãe, guardai-me e defendei-me como coisa e propriedade vossa.

ORAÇÃO PELAS VOCAÇÕES
Jesus, Divino Mestre, que chamastes os apóstolos a vos seguirem, continuai a passar pelos nossos caminhos, pelas nossas famílias, pelas nossas escolas e continuai a repetir o convite a muitos dos nossos jovens. Dai coragem às pessoas convidadas. Dai força para que vos sejam fiéis como apóstolos leigos, como sacerdotes, como religiosos e religiosas, para o bem do povo de Deus e de toda a humanidade. Amém!

Mandamentos

Os dez MANDAMENTOS DA LEI DE DEUS, são:
1. Amar a Deus sobre todas as coisas.
2. Não tomar seu santo Nome em vão.
3. Guardar domingos e festas.
4. Honrar pai e mãe.
5. Não matar.
6. Não pecar contra a castidade.
7. Não furtar.
8. Não levantar falso testemunho.
9. Não desejar a mulher do próximo.
10. Não cobiçar as coisas alheias.

Os Mandamentos da Igreja são:
1. Participar da missa nos domingos e nas festas de guarda.
2. Confessar-se ao menos uma vez ao ano.
3. Comungar ao menos na Páscoa da ressurreição.
4. Jejuar e abster-se de carne conforme manda a Igreja.
5. Contribuir com o dízimo e ajudar a Igreja em suas necessidades.

Os Mandamentos da Caridade são:
1. Amarás ao Senhor, teu Deus, de todo o teu coração, de toda a tua alma e de toda a tua mente.
2. Amarás o teu próximo como a ti mesmo.

Pecados Capitais

Os sete PECADOS CAPITAIS:
1. Gula
2. Vaidade
3. Luxúria
4. Avareza
5. Preguiça
6. Cobiça
7. Ira

Sacramentos

Os sete SACRAMENTOS:
1. Batismo
2. Crisma ou Confirmação
3. Eucaristia
4. Penitência ou Reconciliação
5. Ordem ou Sacerdócio
6. Matrimônio
7. Unção dos Enfermos

Referências

APLICAÇÃO PROJETO PILOTO: Catequistas da Paróquia São Pedro do Jardim Independência, Setor de Pastoral Vila Alpina e Vila Prudente. Região Pastoral Belém. Arquidiocese de São Paulo, 2008.

Bíblia Sagrada. São Paulo: Paulus, 1990 [Ed. Pastoral].

Bíblia do peregrino. São Paulo: Paulus, 2002.

HETTER, W.J.A. *Catequesis bíblica*: viviendo el estilo de Jesús, Lectio Divina. Uruguai: Apostila, 2004.

MESTERS, C. *Os Dez Mandamentos*: ferramenta da comunidade. 2. ed. São Paulo: Paulus, 2004 [Col. Por trás das Palavras].

_____. *Com Jesus na contramão*. São Paulo: Paulinas, 1995.

NUCAP – NÚCLEO DE CATEQUESE PAULINAS. *Iniciação à Eucaristia*: livro do catequista. São Paulo: Paulinas, 2008 [Coleção Água e Espírito].

PONTIFÍCIA OBRAS MISSIONÁRIAS. *Animando a infância missionária – 1º nível*: roteiros para encontros de grupo. Brasília: Abc; BSB, 2011.

_____. *Animando a infância missionária – 2º nível*: roteiros para encontros de grupos. Brasília: Abc; BSB, 2011.

SAGRADA CONGREGAÇÃO PARA O CULTO DIVINO. *Ritual de Iniciação Cristã de Adultos*. São Paulo: Paulus, 2001.

SCHWANTES, M. *Gênesis 1-11*: vida, comunidade e Bíblia. São Leopoldo: CEBI, 2007.

SPERANDIO, W. *Crescendo juntos* – Catequese inicial. Marau: Marka, 2004.

_____. *Parceiros de Jesus* – Catequese 2. Marau: Marka, 2004.

_____. *Vivendo a Eucaristia* – Eucaristia 2. Marau: Marka, 2004.

Conecte-se conosco:

 facebook.com/editoravozes

 @editoravozes

 @editora_vozes

 youtube.com/editoravozes

 +55 24 99267-9864

www.vozes.com.br

Conheça nossas lojas:
www.livrariavozes.com.br

Belo Horizonte – Brasília – Campinas – Cuiabá – Curitiba
Fortaleza – Juiz de Fora – Petrópolis – Recife – São Paulo

    Vozes de Bolso

EDITORA VOZES LTDA.
Rua Frei Luís, 100 – Centro – Cep 25689-900 – Petrópolis, RJ
Tel.: (24) 2233-9000 – E-mail: vendas@vozes.com.br